大通靈家

艾德格・凱西靈訊精要

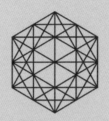

THE ESSENTIAL EDGAR CAYCE

馬克・瑟斯頓 Mark Thurston 編著
非語 譯

本書獻給艾德格·凱西

與葛楚·凱西的長子休·林·凱西。

從一九六八年至一九八二年休去世為止，

他是彌足珍貴的指導者、良師益友、

專業的同行，

也是我一生最重要的人，

幫助我理解其父艾德格·凱西

卓越非凡的教導準則。

目錄

導讀　艾德格．凱西的生平和思想　7
第一章　實相的本質　55
第二章　靈魂與靈性心理學　83
第三章　健康的生活　121
第四章　整體療法　145
第五章　靈魂的旅程：輪迴轉世與人生目的　181
第六章　靈魂發展與靈性成長　203
第七章　密傳基督教　227
第八章　未來社會的藍圖　249

尾聲　一種全新的存在之道　279
附錄1　如何閱讀和研究凱西解讀？　281
附錄2　凱西與占星學　285
附錄3　凱西談性慾　289
附錄4　推薦資源　295
誌謝　299

導讀

艾德格．凱西的生平和思想

艾德格．凱西（Edgar Cayce）是二十世紀最了不起且最神祕的人士之一。有時候，他被稱為「沉睡中的先知」（the Sleeping Prophet）或「維吉尼亞海灘市的奇人」（the Miracle Man of Virginia Beach），也因此被困在標語口號中，那些往往反映其工作譁眾取寵的一面，而不是真正的深度和意涵。底子裡，凱西是基督教神祕派哲學家，也是直覺療癒師。在他成年後的四十三年間，他的教導藉由談話傳達，或是藉由在禱告引發的出神狀態中給出「解讀」，這些解讀由祕書或家庭成員抄錄下來，因為一旦二十到四十五分鐘的療程結束，凱西便什麼也記不得了。

艾德格．凱西輸出的信息量非常龐大。現今存在的約有一萬四千三百零六份抄本，不僅均已付印出版，且自一九九〇年代初期開始，更以電子格式問市。凱西的解讀中，有三分之二是為治療特定的生理病痛和疾病提供整體的建議，由於他以擔任「直覺診斷師」（medical intuitive）展開自己的職業生涯，且終其一生，找他幫忙的人多半基於醫療性質請求解讀；事實上，凱西的所有傳記作者都提供了這些迷人的軼事證據，證實這些處方型解讀相當成功（見附錄4〈推薦資源〉）。凱西剩餘的三分之一工作聚焦在靈性成長、夢境詮釋、古代文明、輪迴轉世、人生目的，以及嘗試將身、心、靈融入日常生活的許多實用課題，包括諸如教養乃至商業實務之類的日常課題。

儘管《大通靈家：艾德格・凱西靈訊精要》基本上是談論凱西的教導和哲學，但了解凱西這個人也很重要。凱西的理念往往是他的個人信念塑造的，也深受他所生活的艱困時代影響，包括經濟大蕭條和兩次世界大戰。身為本書的編著者，我應該一開始就先指明，我從沒見過艾德格・凱西；他於一九四五年往生——在我出生的前五年。但三十多年來，我一直專業地為他共同創立的兩個組織工作，曾經花費無數時間與數十位認識他且與他直接合作過的人相處，包括他的兩個兒子，休・林（Hugh Lynn）和艾德格・伊凡斯（Edgar Evans），以及祕書，葛蕾蒂絲・戴維斯・特納（Gladys Davis Turner）。多虧他們對凱西的記憶，我覺得我至少了解這個人是什麼模樣，以及他卓越非凡的教導源自什麼樣的堅實基礎。我個人已將許多的凱西解讀應用到日常生活中，包括他推薦的維護健康法，透過營養、按摩、各式居家療法。我也大大受益於凱西的實用靈修建議，包括：靜心冥想、夢境詮釋、開發直覺等等。

在深入研究凱西生平的細節之前，我們先簡略地考量一下，在二十一世紀初，人們如何看待凱西這個人和他的工作，這點因對象不同而大相逕庭。以下是對凱西的工作著迷好奇的三個族群。

對「整體健康」（holistic health）深感興趣的人來說，凱西通常被尊為身心靈療法的先驅。然而今天許多人認為，他對人體的理解和他的建議已經過時了。這些人可能會爭辯說，以當時擁有的，凱西做到了最好，但現在我們肯定知道更多，因此仔細研究他似乎不值得。其他人則持不同的看法；他們堅稱，我們才剛剛開始了解凱西以及他的自然療法。

另一類族群屬於對通靈能力進行科學研究的「超心理學」（parapsychology）領域。這些人長久以來對於該如何處理凱西深感困惑，甚至凱西在世時就是這樣。雖然凱西有此天賦的傳聞證據幾乎是壓倒性的，但並沒有執行過仔細控制的雙盲實驗來測試他的技能。因此，對超心理學家來說，凱西仍舊是個尷尬人物，他讓數百萬人正視特異功能的可能性，然而這些人卻沒有能力以科學方法證明。

另一類仍在增長的龐大族群，是由所謂的新時代運動族群所組成。這些人運用帶領他們走出主流宗教的種種方法，尋求人生的意義、目的和方向。這些非傳統的求道者如何看待和理解凱西呢？不幸的是，許多新時代運動者以為凱西是預言家。這些人的追求主要是試圖在這個亂世中找出讓自己感到比較安全的東西。因此，吸引他們目光的是無所不在的報攤小報，正面有凱西的照片，宣布某則關於未來一年大眾尚且不知的預言。對他們來說，他是另一個諾斯特拉達姆斯（Nostradamus，譯註：一五〇三至一五六六年，法國籍猶太裔預言家，精通希伯來文和希臘文，留有四行體詩的預言《百詩集》）。他們沒有看見的是凱西在健康、靈性、負責任的生活等方面的教導。

還有另一批求道者穿透了這個表面，看見了真正的艾德格．凱西。對他們來說，凱西的教導變成了刺激，讓人以全新的方式正視自己的人生，以新的視角看見自己的宗教傳統，認識到新的靈性途徑對他們敞開，進而重新思考人生的重點何在。這是一種世界觀，體認到每一個個體都有本領仰賴直覺與靈界建立連線，乃至探索輪迴轉世之類的概念。事實上，凱西是許多學科的重要先驅，在他死後的數十年間得到了廣泛的認可。這些方法包括：

- 「夢」（dream）的價值可以作為自我理解和引導的工具。凱西預先看見夢是安全可靠的方法，可以探索自己的靈魂並取得關於實際的人生抉擇的洞見。此外，他也是最早提倡夢最好由作夢者自行詮釋的人士之一。
- 「靜心冥想」（meditation）是靈修的重要法門。雖然靜心冥想是東方宗教最為人所知的古老修習法，但凱西發展出一套容易學習的方法，方便應用到他所生活的猶太基督教世界。
- 對「輪迴」（reincarnation）、「業力」（karma）和「恩典」（grace）的看法，是猶太基督教世界可能可以接受的。凱西提出，輪迴是宇宙如何運作不可避免的實相；但是，根據凱西的理論，只要堅持每一個靈魂都可以取用恩典的療癒和調和作用，那麼帶有嚴苛、報應意味的業力就可以緩和。
- 一套「占星」（astrology）方法，承認前世和行星的影響力，尤其是在幫助人們找到人生的目的感方面。凱西的占星法並不是當今熟悉、親切的太陽星座，也不是篤信天體控制人類命運的決定性論調，而是將行星的影響力當作一種方法，用來描述天生的氣質以及對人格和才能造成的衝擊。

如今看待艾德格．凱西的許多方式，證明他的工作恢宏遼闊。人們能夠以不同的方式與他產生關連，不只是因為當事人自己的「濾鏡」，更因為資料本身包羅萬象。事實上，非常容易迷失在資料的絕對多樣性之中，而且很難掌握凱西所要提供的一切。

這個問題正是本書要處理的。凱西資料的「精髓」是什麼呢？他於一九〇一至一九四四年間呈現的幾千篇談話中，闡明了哪些最基本的理論、準則和教導呢？

沒有簡單的答案。但是，關於靠靈視得來的知識，或是凱西是否具有身為靈性哲學家的資格，如果我們願意撇開先入為主之見，那就真的可以找到凱西資料的核心。其實，的確有一份凱西「精要」，而且那可以揭露出某些真正的驚喜。

一位直覺療癒師的生平

關於艾德格．凱西，近年來最重要的著作之一，是保羅．詹森（K. Paul Johnson）一九九八年的《從背景看艾德格．凱西》（*Edgar Cayce in Context*）。詹森的主題是：只有在凱西自己的人生故事背景下觀看凱西才能理解這個人，而且更重要的是在凱西自己的時代背景下。秉持此一前提，且讓我們仔細推敲凱西生平的重大事件，以及形塑這一切及其教導的某些社會和文化因素。

一八七七年，艾德格．凱西出生於肯塔基州的鄉下，主要受到保守的南方新教教育的薰陶。

當時距美國南北戰爭結束不過十多年，儘管家鄉所在的肯塔基州並沒有加入南方的美利堅邦聯，但因地處所謂的交界數州之一，所以肯定是一個仍舊敏銳地感覺到南北局勢緊張的地方。

凱西成長的農場位於該州西南部，就在霍普金斯維爾（Hopkinsville）小鎮外；最近的大城是田納西州的納什維爾（Nashville），在東南方大約兩百英里處。霍普金斯維爾就在基督徒縣（Christian County）的中心，凱西年輕時，那裡是一處敬畏上帝的農業社區，以菸草為主要作物。

凱西跟我們一樣，成長中的人格深受父母親影響。大家都說，他母親嘉莉（Carrie）有著強大的影響力。她溫暖而善於教養，是個十分虔誠的女性，肯定也是促成年輕的艾德格全然熱愛《聖經》和宗教生活的一大因素。雖然凱西當時還是個男孩，但卻做出了要每天閱讀《聖經》的重度承諾。嘉莉的照片顯示是一個五官端正、臉部相當圓潤的女子，眼神和藹。

年輕的凱西與家族中男性的關係似乎比較複雜。根據某些人的說法，他祖父湯瑪斯·凱西（Thomas Cayce）對他影響很大，湯瑪斯擁有男性陽剛面的實力和成就，同時兼具感性，因此比艾德格的父親萊斯利（Leslie）更適合作為仿效的榜樣。然而，不幸的是，湯瑪斯在騎馬時被馬兒拋進湖中，導致溺斃，四歲的凱西親眼目睹這一切，想必因此而受創。多年後，成年的艾德格在日記中寫下了這段難受的經驗，這段文字直到一九九七年由羅伯特·史密斯（A. Robert Smith）編輯的《先知艾德格·凱西的生平》（*Edgar Cayce: My Life as a Seer*）出版時，才公諸於世。關於祖父之死，凱西寫道：「我時常納悶，這些思想的關聯對我的心智狀態或今生的活動有什麼影響。」

湯瑪斯．凱西是個相當英俊的男子，有大把鬍子但上唇無髭，被認為是具有靈視能力的天眼通，不過他對自己的天賦感到困惑，更因此謹慎以對。艾德格回憶和湯瑪斯騎馬同行，能夠聽見沒有形體的聲音對他說話。「我也見過他移動桌子和其他物品，顯然完全沒有接觸到這些物體本身。」當年幼的凱西詢問這些奇怪的現象時，老凱西只說：「我不知道那股力量是什麼，但千萬不要愚弄它。」儘管湯瑪斯去世時，艾德格年紀還小，但現代心理學認為，他的童年經驗深刻地塑造了他的成年人格，而且從祖父那裡，艾德格了解到，心靈能力是一股真正的力道，值得他大力尊崇。

艾德格．凱西與父親的關係被許多傳記作者一筆帶過。常被親切地稱作「鄉紳」的萊斯利，在照片中時髦好看，炫耀著突顯的手把型八字鬍。但他不是一個特別成功的人，工作一個換過一個，從不曾真正安於某個職業。雖然幾乎是家族的祕密，但還是有人說，萊斯利大半的成年人生都有酒精成癮的問題。當年輕的艾德格開始展現靈視能力時，是萊斯利渴望探究這股心智的力量，包括它的商業潛力。由於大部分的成年時光都有被剝削利用的問題尾隨著凱西，所以很難說，到底凱西認為父親的參與是支持、保護的作用，還是潛在的威脅。

艾德格．凱西早年的家族故事透露，從很小的時候，他就擁有會自然浮現的神奇力量。六、七歲時，他告訴父母，他有時看見異象，甚至偶爾與剛去世的親人交談。多數時候，他的父母親將這些經驗歸因於想像力過度活躍，幾乎不太關注。

艾德格童年時代最著名的特異功能經驗，發生在十三歲那年，他的第一位傳記作者湯瑪斯．蘇格儒（Thomas Sugrue），將這個事件當作一九四三年極具影響力的凱西著作《有一條河》（*There Is a River*）的核心。艾德格在十歲時成為狂熱的《聖經》讀者，無疑是受到母親的啟發，以及母親參加了重建時期（Reconstruction）在美國大受歡迎的基督教培靈會（revival meeting）。他曾經發誓，日後每年要讀完一整部《聖經》，他顯然信守著這個承諾，這是一種真心投入的表現，本身就是了不起的成就。有一天，他經驗到了異象，他在自己的回憶錄中如此描述：

一晚，我經驗到我的第一次異象。那時，我已經讀過那本書（即《聖經》）好幾遍了。我一直在讀瑪挪亞（Manoah）的異象，因為很愛大力士參孫（Samson）的故事。那天下午，我非常認真地祈禱，坐在樹林間我最愛且似乎時常跟我說話的那棵樹木旁邊……（那夜）異象首次出現時，我還沒睡著，但感覺到好像被抬了起來。一道宛如旭日的燦爛光芒似乎充滿了整個房間，一個人影出現在我的床腳。我很確定是我母親，於是我叫喚她，但她沒有回應。那一刻，我被嚇到了，爬下床，去到母親的房間。不，她沒有叫我啊。幾乎是我一回到床上，那個人影又出現了。然後它似乎全然光燦明亮，是一個天使，或是諸如此類的，我不知道；但它溫和、有耐心地說：「你的禱告被聽見了。你的願望一定會實現。要忠實信靠，忠於自己。幫助生病、受苦的人。」

第二天晚上，他卓越的心智能力開始展現。在此之前，凱西並不是個特別優秀的學生，有時甚至因為忘記做功課而受罰。但那一夜，當萊斯利盤問艾德格功課時，艾德格直覺地認為需要小睡一下。直覺似乎告訴他，在剛剛研讀過後睡著，就會大幅改善他保留知識的能力，而且事實上的確如此。他開始展現一種「照相式記憶」——或許這很反諷，因為他後來當過人像攝影師。誠如他在回憶錄中寫下的：「從那天起，我的學業幾乎沒有問題，因為我會把功課讀一遍，在上頭睡個幾秒鐘，然後就可以倒背如流。」凱西開始了一趟自我發現的旅程，將睡著與契入他的心智的潛能連接起來。在這個階段，那只是方便他與已經研讀過的資料重新連線。但在成年早期，他會發現自己可以隨意連結到更深入、更神祕的智慧。

這樣的才能出現在十五歲，當時凱西和其他男孩一起打棒球，然後被拋出的球意外擊中脊椎底部。之後的幾小時內，他行為怪異——咯咯笑、放聲大笑、扮鬼臉，甚至站在馬路中間，舉起雙手阻擋往來的車輛。那一夜，就在艾德格即將睡著的時候，他聲稱，應該要在他的頭骨後方敷一塊玉米粉、洋蔥和某些草藥製成的膏藥，才能抵消受傷所造成的衝擊。父母親按照他的指示做——其實，這是他的第一次醫療解讀——而在睡了一夜後，他就回復正常了。當時幾乎沒有人意識到，如此的醫療靈視力預示了他日後成年所要從事的工作。

一九〇一年，艾德格二十四歲，無意中發現了自己的才能，懂得契入無意識心智的智慧。與此同時，他認識並愛上了葛楚．埃文斯（Gertrude Evans），也就是他未來的妻子和三個兒子的母親（其中一子在嬰兒時期去世），也是他畢生志業的熱心支持者。但在跨入新世紀的這個第一年，艾德格染上了一種病，可能危及他當時四處旅行的銷售業務，而且，更令人掛慮的是，可能使他無法有朝一日成為心中殷盼的教會牧師。

嚴重的喉炎折磨了凱西好幾個月，醫生們束手無策。最後，這喉炎證明只對催眠有反應。當艾德格被催眠時，不僅能夠再次開口說話，而且可以診斷病因，同時開出能夠持續治療的療法。

幾個月後，凱西在其他人身上嘗試了他的診斷和處方技巧，成效驚人。也因此開始了他成為直覺療癒師的工作，不過有好多年那只是偶一為之。

凱西很快發現，不需要催眠師就可以接通自己無意識的智慧。在一段禱告之後，他可以主動進入這個狀態。他說，這是脆弱、易感的狀態，因為他的無意識完全敞開；因此，他堅持要有一位家人在場主導這段經驗，扮演所謂解讀「引導者」（conductor）的角色——因為不只一次，有人試圖利用凱西無意識狀態時的天賦——通常，由葛楚或凱西的長子休．林擔任這個角色。

往往在給出解讀時，凱西會先帶領其他人與他一起祈禱，包括「引導者」、速記員，有時也包括解讀的對象。然後他會仰躺在沙發上，閉上眼睛，雙手放在額頭上。接著引導者會大聲朗讀類似催眠且是為了渴望的解讀類型量身定製的提示。例如，針對身體健康的解讀，提示可能是：「你將會仔細地檢查這個身體，澈底地檢查，然後告訴我你目前找到的病症；給出現存病症的成因，還有幫助和舒緩這個身體的建議；在我詢問時回答問題。」另一方面，談到輪迴轉世和當前人生目的的解讀，提示可能是：

「你將給出這個存在體（entity）和宇宙以及與宇宙原力的關連；給出今生人格的潛在和外顯條件；還有在地球上出現過的前世，給出時間、地點和名字，以及存在體的發展在每一世是頗有建樹還是延遲倒退；給出這個存在體目前的能力，可以達到什麼境界以及如何達到。當我詢問時，你將會回答這些問題。」

聆聽提示時，凱西會讓自己進入類似出神的冥想狀態，他會將雙手從額頭向下移，蓋住腹部的太陽神經叢。對於在室內觀看的人來說，似乎他已經睡著了。但他並不是睡著了，而且會開始說出提示中所提出的請求。先是一段開場談話，可能簡潔，也可能不簡潔——有時長度只有一分鐘，有時則長達二十分鐘或更久——然後艾德格會請求提問，方便進一步闡述。解讀結束時，凱西會宣布「現在解讀完畢」，這時，引導者會大聲唸出一段提示，要凱西回復正常意識，然後凱西會慢慢醒來，就好像一個人從小睡中醒過來一樣。

因為凱西無法記得他說過的內容，所以速記員會抄錄每一個字，讓凱西可以自己重新審閱該次解讀。然後會將一份抄本發送到屬於這篇解讀的主題。有時候，凱西與被解讀者保持通信聯繫，在過程中加入他自己表意識的詮釋性評論或意見。偶爾，速記員不確定凱西所說的某一個字，因此會插入一個括號，提到另一個字——舉個例子，第二章中的解讀281-13號：「……因經驗到他人而黯然失色（破滅粉碎？）……」

透過凱西解讀出現的信息源頭是一個重要的課題。雖然凱西有時候被貼上「靈媒」的標籤，或是通靈信息的「傳導者」，但他堅持認為，幾乎從來沒有某個外來源頭透過他說話或通靈；換言之，那並不是某位已故的靈魂，或是某位悟道大師從彼端的靈界發言。相反的，信息的起源——凱西所謂的「源頭」（source）——是他自己的超意識心智（superconscious mind）或普世心智（universal mind），那是一種覺知的層次，從那裡，當時的所有經驗均可擷取，從那裡，任何問題的解答唾手可得。事實上，凱西常說，我們每一個人都有潛力存取這個超意識，只要我們懂得學習如何接通。

要注意的是，有十幾次情況罕見，有聲音透過凱西說話，那聲音表明自己不是凱西的超意識。這大部分發生在一九三〇年代，經常是大天使麥可（Archangel Michael）聲稱透過凱西說話，通常告誡凱西及其追隨者要在自己的人生中實踐凱西所宣揚的教義。而在一九三四年，另一個靈體透過凱西發言，提議此後成為這些解讀的源頭。不管怎樣，凱西在仔細考慮之後決定，他對這樣的提議不感興趣。

儘管這套「方法」肯定稀奇古怪（不過二十一世紀初期的今天，特異功能者隨處可見，這聽起來並不是那麼的奇怪），但最重要的是他在解讀時所陳述的內容。整體、自然的療癒方法被提倡，而且任何疾病本質上都是身、心、靈的現象，所有療癒必須發生在這三個領域。給出醫療解讀許多年的艾德格·凱西，終於在一九七九年《美國醫學會雜誌》（*The Journal of the American Medical Association*）發表的一篇文章中得到了應有的聲譽：「當今整體論（holism）的根源，八成可以追溯到一百年前誕生在肯塔基州霍普金斯維爾的艾德格·凱西。」

一九二三年，艾德格四十六歲，那是他人生的一個重要轉捩點。在工作的這個新階段期間，他發現自己同樣有能耐洞見觀瞻地講述一整系列的非醫療主題。同年九月，十八歲的葛蕾蒂絲·戴維斯踏入凱西的生命，於日後擔任他的祕書／速記員。

一九二五年，凱西在此時結交了好幾位有錢人，他們支持他搬遷到維吉尼亞州的維吉尼亞海灘市，在此，他全職從事屬靈恩賜的生涯鄭重地展開。艾德格的自我人生解讀指出，維吉尼亞海灘市對他來說很理想；那裡靠近一大片水域，鄰近美國首都，而且他預言過未來幾十年將有驚人的成長。此外，幾個世紀以前，他曾在那裡有過一次意義重大的前世經驗，因此對他來說，感覺就像家。

接下來二十年卻是凱西家族的艱困期。不僅因為在七十年前，嘗試當個全職的靈視療癒師兼靈性哲學家不是一件容易的事，更因為經濟大蕭條和第二次世界大戰將全國的注意力導向探索超感官以外的其他優先事項。儘管如此，凱西和他的支持者還是多次嘗試建立機構和一所讓這些解讀具現成形的學校。

在這方面，「凱西研究暨開悟醫院」（Cayce Hospital of Research and Enlightenment）於一九二八年在維吉尼亞海灘市成立。這是英勇的創舉，旨在開辦一處身心靈療癒所。但僅僅兩年後，醫院就陷入財務困境。同樣的命運也降臨在凱西共同建立名為大西洋大學（Atlantic University）的進階教育計畫。大學也在僅僅兩年後關門大吉（直到一九八五年，凱西去世後整整四十年，才再度開辦）。

凱西生平的最後幾年同樣難熬，全家通常徘徊在貧困的邊緣。隨著大西洋大學的關閉以及停辦凱西醫院和「國家調查者協會」（Association of National Investigators，該組織監督凱西研究暨開悟醫院的發展），幾位核心支持者仍舊聚集在凱西身旁。一九三一年，他們創建了一個新的組織，「研究暨開悟學會」（Association for Research and Enlightenment），以二十美元的費用向會員提供凱西的靈視服務。在大蕭條時代，那是一筆不小的數目，也是凱西養活自己和家人的主要方法。然而，這段期間的許多解讀都是免費的，因為人們就是沒有那筆錢。

一九三二年，最熱衷的幾位凱西追隨者與他合作，成立了研習小組計畫。在接下來的十一年間，這個小組接收到一百三十篇針對性格發展和靈性成長主題所做的解讀。小組成員撰寫的文章歸納摘要了這些解讀，集結成題名為《探索上帝》（*A Search for God*）的兩冊書籍出版，主題包括「認識自己」、「信心」、「耐心」和「智慧」。在凱西去世後的幾十年間，這個計畫已然演變成他的遺產中最重要的面向之一，有數百個持續研習的小組，分布在全美國境內和全球三十多個國家。

一九三〇年代對凱西來說是複雜的，不僅因為蕭條的經濟環境，更因為他的工作很難得到認可。當時超心理學是正在萌芽的科學，有萊茵（J. B. Rhine）那樣的先驅，曾經接受過植物學家的訓練，但卻透過杜克大學（Duke University）的心理學系，主導了突破性的心靈能力研究。少數科學家對凱西的天賦有些許的興趣，但話說回來，這些天賦卻是以對他們來說八成太過軼聞趣事且不受控制的方式表達。他們更感興趣的是在實驗室的條件下，證明「超感知覺」（ESP, extrasensory perception）的真實性。

因此，為了獲得認可，凱西不得不尋求較不科學的途徑。一九三八年，他兒子休．林搬到紐約市，協助製作名為《心靈的奧祕》（*Mysteries of the Mind*）的定期廣播系列節目，以促進大眾對心靈的能力產生興趣，尤其是對他父親的工作產生興趣。這些《心靈的奧祕》廣播節目，用戲劇化的形式處理各式各樣的心靈經驗，但成效甚微。

直到一九四〇年代初期，主流媒體才意識到凱西的天賦。著名的神學家兼作家，瑪格麗特・布洛（Marguerite Bro）來到維吉尼亞海灘市，親自調查聽說凱西具有的直覺療癒力，且印象非常深刻地離開，並於一九四二年在當時最廣受歡迎的期刊之一《小皇冠》（*Coronet*）雜誌發表了一篇關於凱西的文章，此後詢問的信函和解讀的請求開始大量湧入。

一樁更重大的出版事件，為凱西的工作帶來長久以來一直尋求的東西。一九四三年，亨利・霍爾特（Henry Holt）出版公司出版了一本文筆優美的長篇凱西傳記《有一條河》。這本著作由報社記者兼凱西家世交湯瑪斯・蘇格儒執筆，為大眾讚賞凱西的成就標出了一道分水嶺。《有一條河》廣受好評，造成更大量的解讀請求湧入——如此的要求遠非凱西自己所能應付。

可惜，凱西沒能長久享受這些出版大事。由於兩個兒子因第二次世界大戰在海外服役，他和他的一小圈支持者盡其所能地應付剛湧入的大量解讀請求。但是，艾德格時年六十多歲，身體並不硬朗，加上他熱情地努力跟上工作的全新要求（有時一天解讀十多個案例），導致健康開始惡化。有警訊顯示，這樣的「輸出」其實非常不利於他的健康，但那些警訊被大大忽略了。

一九四四年是凱西健康的災難年。這年年初，他染上了肺炎。後來，他苦於一連串的中風，導致部分癱瘓。在經過一次尤其使他身心衰竭的事件後，他在維吉尼亞州羅阿諾克（Roanoke）的一家康復中心度過了三個月，但並沒有什麼改善，於是在一九四四年十二月，他被帶回到維吉尼亞海灘市的家。在家中，他被診斷出罹患了肺水腫，導致他於一九四五年一月三日去世。

凱西去世之後

儘管生平的許多挫敗和挑戰，但艾德格．凱西卻在幾千篇的談話中留下了卓越非凡的遺產。事實上，在他去世之後，大眾對他的熟知程度遠遠勝過他在世且進行他的工作時。大量的關注聚焦在幾十份解讀上（這個數字遠遠低於全部解讀篇數的百分之一），因為這些談的是一九五八到一九九八這些年間的預言，而且其中少量預言涉及二十一世紀和以後。

許多預言聽起來很可怕，警告了相當災難性的地質事件和嚴重劇變，都是地球上從未發生過的。這些世界動盪的印象，變成了一九六七年出版的艾德格．凱西指標性暢銷書《沉睡中的先知》（*The Sleeping Prophet*）的核心，書中，作者兼報社記者傑斯．史坦恩（Jess Stearn）虜獲了幾十萬讀者的想像。在凱西去世後直到該書出版的那些年間，他於一九三一年成立的組織「研究暨開悟學會」（ARE），在休．林．凱西孜孜不倦的領導下，一直非常緩慢但穩定地成長。然而隨著史坦恩著作的出版，關注大增，與一九四三年《有一條河》出版時發生的情況並無二致，ARE的會員人數激增，活躍的研習小組的數量三年內增加了四倍，而且關於這些解讀的整套系列叢書，均由美國境內和國外的主流出版商出版了。

儘管最初引起大眾注意的是凱西的預言，但其他解讀開始吸引到愈來愈多的關注。身體健康解讀（大約九千多篇）顯然是最大宗。其次是人生解讀、夢境詮釋解讀、提供靈性忠告乃至經商建言的解讀——每一個範疇均有數百個編號，或者，以人生解讀為例，差不多有兩千篇。人生解讀是針對特定個人做出的深入性格分析，幫助當事人明白自己的人生目的；這些也囊括了凱西對靈魂今生和來世使命的看法，以及他對輪迴轉世觀點。

從凱西成為靈視者的職業生涯早期開始，顯然他的談話應該是被人用書面形式記錄下來了。起初，筆記是以相當隨意的方式記下的；後來，編寫成一份速記抄本，其中絕大部分是由長期祕書葛蕾蒂絲・戴維斯完成。多年後，這些解讀被編了號，一來保護個案的隱私，二來方便研究和出版。個案（有時候是團體）的姓名被派定一個「案件編號」；而且因為許多人接收過許多次的解讀，因此第二個數字被派定，以指出某個特定的解讀在序列中的位置。舉例來說，凱西自己的兒子休・林，多年來接收過幾十次解讀，被派定的案件編號是「341」，因此他接收到的第三十一篇解讀被編號為「341-31」（該篇內容被收錄在本書第三章〈健康的生活〉中。本書從頭到尾也採納這一套編號系統）。

許多人發現這些談話有點難以閱讀，尤其是剛開始的時候。那些解讀往往看似相當生硬，而且處處參照《欽訂版聖經》（*King James Bible*）。那些句子本質上經常是冗長的、複雜的、不著邊際的，而且許多讀來像是充滿詩意的中肯建言。剛接觸凱西的人可以在開始閱讀正文之前，先翻到書末的附錄1〈如何閱讀和研究凱西解讀？〉。

鑑於艾德格．凱西多年來談論的主題相當廣泛，到底是什麼因素最終使他的工作在國內外造就非凡的印象呢？一九六〇年代開始，對凱西的讚賞日益增加，最終並不是源自於譁眾取寵的地球變化預言、乃至靈視診斷，而是來自於他的整體人生哲學，他嫻熟地揉合了東方和西方傳統來療癒身體和餵養靈魂。此外，凱西本人是美國文化的典範：他成長於中低階層的農村環境，只有八年級的教育程度，卻以某種方式「成功」。但他的成就並不是典型的美國創業精神，而是在於強化生命，且是基於大眾的利益。在許多方面，他都領先他的時代，也因此在他去世後的幾十年間，才真正被讚賞。

凱西哲學的精要

在探索艾德格．凱西提出的人類經驗的理論和模型之前，且讓我們先來確認貫穿其工作的關鍵主題。這裡有十二點提到凱西哲學的核心，也就是探討人生基本準則的所謂「凱西十二點」（Cayce dozen）。有些主題，例如，人生的目的性和邪惡的真相，後續章節中會再詳加探討。

1. 一切相連——萬物一體

所有生命的「一」是凱西教導所依恃的基礎。他甚至在某個場合說過，有興趣研究靈性律法的人應該要先研究「一」的法則六個月，再向前邁進。顯然，「一」（oneness）意謂的不僅是：高談闊論地說著「萬物一體」之類的陳腔濫調，然後依據表面的區別而不是更深層的「合一」實相繼續過生活。

指出凱西是「神祕主義者」（mystic），意謂著從「一」的角度看待他的工作，因為神祕主義的本質無疑是相信，儘管萬物看來好像截然不同，但骨子裡卻是合一的。神祕主義意謂著超越區分內在與外在、光明與黑暗、好與壞之類的特質，將兩個極端聚合起來。誠如凱西常說的：「極端只在基督意識中交會。」在此，他的重點並不是評定某個宗教高於另一個宗教，而是為了支持作為「潛力」活在每一個人裡面的意識狀態。

凱西的神祕方法更進一步。一旦我們感知到，合一可以鏈結人生中明顯的差異，那麼我們的挑戰就是，返回到有所區別的世界，好好應用我們學到的，成為「務實的」神祕主義者。我們可以將這樣的一體感帶到所做的每一件事，那可以帶出第二個基本準則。

2. 人生是有所目的的

凱西的解讀提醒我們，人生有一個核心目的。我們生來就是要將創造的、靈性的世界帶進日常的物質世界中——「讓無限變成有限。」此外，我們每一個人天生就帶有個人的使命，某個「靈魂目的」（soul-purpose），我們將在第五章〈靈魂的旅程〉中更詳細地檢視這點。基本上，凱西提出，被創造出來的每一個人都帶有特定的才華、技能和資質，讓我們得以在人世間享有獨特的「存在之道」（way of being）。那樣的存在之道促使我們自己的靈性覺醒；同樣重要的是，那樣的存在之道促進他人的幸福。靈魂目的有一個服務面向，一種對人世間作出貢獻的感覺。凱西常為接收人生解讀的個案明確闡述個人特有的使命宣言，幫助人們明白今生的靈魂目的。

3. 將人生當作一次探險

人生的本意就是，帶著玩興搜尋真理，這是就最廣泛的字義做出的研究。凱西將他的整體設施命名為「凱西研究暨開悟醫院」。當這家醫院破產時，他和他的支持者開創了一個新事業：「研究暨開悟學會」。光是名稱便足以說明，學會致力於以實驗探索凱西的概念。

凱西一再教導，唯有藉由在自己的人生中測試理念，我們才能夠學習。事實上，他時常強調，人們應該從他的教導中拿取只對個人有效的東西，這唯有透過個人研究和應用才能夠斷定。

對於想要不歷經辛苦測試便直接得到智慧或進入開悟的人，他可能會評論說：

> 且讓要被好好研習的每一個階段、要成為某項研究的每一個階段，都被好好地概述出來。人們常說，這份工作就是一份研究和開悟計畫；但你完成了多少研究呢？難道沒有好好研究就要被提出來當作開悟嗎？所以，千萬不要本末倒置！那是不太管用的！
>
> 254-81

4. 不競爭，展現慈悲

競爭的驅力，最能使我們快速脫離一體感且因此脫離自己的靈魂目的。在此，競爭並不完全指體育競技，如某一隊試圖得分超越另一隊，而是將自己與他人比較，努力取得優勢——這類競爭癱瘓靈魂的成長。那是慈悲的對立面。

慈悲是為另一個人而在，以及經驗到每一個人其實都一樣的能耐。那是感覺與另一個人同在，不是為那個人擔起責任，而是對那個人負責（以及回應那個人）。慈悲是服務他人，不只是感覺與對方連結，而且是以示範那份一體性的方式幫助對方。如同凱西有時說的：

> 因為，要取得進入祂的臨在的意識和覺知，不然就是，當一個人呼喚天堂時，就好像倚靠在

你曾經試圖幫助的某人的臂膀上。因為你如何對待你的弟兄，就等於如何對待你的造物主。要知道這些是永遠不變的律法。神如實存在，而你作為女兒，作為最高階的神的僕人，就是祂的女僕。那就表現得像女僕吧！

5177-1

5.為自己負起責任

別人無法為你解決問題。是的，幫助是有的，但最終，每一個靈魂都要為自己負責，我們每一個人都必須運用自己的自由意志促成有所目的、健康的生活。這個自我負責任的準則是凱西的整體健康建議的基石，也是他的靈性發展方法的核心。

人們通常不會認真看待這個個人責任的信息，因自己的問題而責怪他人要容易多了；事實上，需要相當的成熟度才能看見我們如何製造出自己的困境。凱西要求我們每一個人沉思的問題是：我要如何處理目前人生中面臨的挑戰、局限和障礙呢？我們可能很容易最終浪費時間和精力，試圖歸咎別人——父母親、其他家庭成員、政府。要為自己的人生負起責任，同時找到自己內在和外在的資源，那可以得出某個正式決定。

凱西特別善於為健康有問題的人闡明這個責任課題。然而，與其擁抱自我責任和自我照護，讓別人照顧我們，尤其是醫生和其他保健專業人員，似乎容易許多。凱西早就申明，處方藥和外科手術有其地位，但只有在我們掌握情境且全然盡到自己的本分時，真正的療癒（在身、心、靈之內）才會發生。

6. 向前看，而不是向後看

凱西具有強烈的歷史感，尤其是《舊約聖經》提到的歷史。對他來說，撤掉過去的背景，當下和未來就無法被理解。然而，由於凱西根深柢固於這樣的世界觀，所以當他的解讀自發地開始處理輪迴轉世時（對他而言，輪迴是前世的「人類」生命，不是其他的生命形式），著實令他大為震驚。對他的保守的基督教信念體系來說，每一個人都有前世的觀念是全然陌生的，而他本人花了好幾年時間，才能自在地面對這個概念。

對許多人來說，凱西靈性哲學的這個輪迴面向仍是一大障礙。雖然西方世界接受（不然至少有興趣）輪迴觀念的人口比例，近幾十年來已有成長，但仍舊是少數人的觀點，而且通常被視為來自東方的宗教思想。反對輪迴的一個論點是：把輪迴當作信念體系會適得其反，容易導致人們全神貫注於過去，方便找藉口拖延今日的靈性發展工作。

在第五章中，我們將會更仔細地查看凱西的輪迴和業力（支配輪迴的因果律）概念。由於凱西大部分的非醫療談話都囊括廣泛的輪迴相關資料，因此不處理這個爭議的話題，我們恐怕很難掌握凱西「精要」。但令人驚訝的是，凱西強調的是未來。輪迴和前世的本意，只是幫助個人理解現在以及現在和過去如何在形塑未來時扮演強大的角色。凱西不是要個人沉迷於幾百年前是誰或是在哪裡，而是幫助這人理解這一切如何通向未來。

雖然凱西從來沒有使用過這個詞，但幾乎就像是，他更感興趣的是「道成肉身前」(preincarnation)，而不是「輪迴轉世」(reincarnation)。本質上，他要說的是，永遠向前看，絕不要向後看。要領悟到你以前曾經在這裡，但更有趣的是，領悟到你將會再度在這裡。因此，要在今生做出有助於在來生創造最佳可能結果的抉擇。

當然，這樣的推論可能言過其實，因為全神貫注在明天，你可能錯失了今天。但凱西的解讀似乎總是開出一條穿越這類陷阱的務實之道。他教導，要活出今天，但要知道明天與你休戚與共，而且不只是因為你的子女將會繼承這個世界，更是因為，你也可能是未來世界的一員。

7. 任何改變都是從一個理想開始

動機、目的、理想是凱西心理學的核心。我們用自己的態度和情感形塑自己的物質生活。凱西常說：「心智是建造者。」但凡是態度或情感背後，總是有一個動機。如果你想要改變人生中的任何事情，就需要從動機層面開始。然後你需要決定，造就改變的目的是什麼（即凱西所謂的「理想」）。一旦你確定了自己的目的／理想，幾近神奇的東西似乎就會在內在轉移。那是在意向中轉移，讓你能夠以全新的方式開始看見人生並對其做出回應。當你的動機清明，於是，你的注意力集中，開始看見之前沒有注意到關於自己和他人的事物。由於對自己的人生目的有了全新的定向，你開始在之前只看見障礙的地方，注意到創意表達的機會。

當然，有許多理想可以促進靈魂成長與健康：愛、喜樂、自由、真理。因為回應十二點準則中的第一點（一切相連——萬物一體），凱西鼓勵人們採納的理想是「一」，這是一個動機，要用自身的「連結性」而非「差異性」與周遭世界相關連。而且伴隨「一」而來的是，願意以不僅嘉惠自己同時有利於相關人等的意向行事。想用一個人的才能去服務他人的渴望，變成一股自然而然的衝動。

在心理學上，健康解讀的本質是要挑戰接收者，找到更高階的動機讓自己恢復健康，而非單純地免於不適。如果康復只是回復到你以前的所作所為，那麼你很可能再次生病。要以真正持久的方法改變任何東西，包括你的健康，那需要在人生定位方面做出根本的轉變。這問題是要找到一個人生目的的新視角同時設定一個新的理想。

8. 所有時間都是一個時間

常識告訴我們，過去是不可改變的，未來是不可知的。但有時候，內在有別的東西攪動，要提出不同的觀點。有時候，常以難以捉摸的方式，我們得到關於更深奧的時間之謎的暗示——或許是預知的夢境，或是似曾相識的經驗。如果我們密切關注自己的內在生活，如同對自己的外在生活那樣，就會發現，時間比我們認定的更為複雜。

「所有時間都是一個時間——明白嗎？」凱西表示，「那是一個事實……」（294-45）。如果我們希望理解宇宙的架構以及該如何迎接靈性的實際挑戰，那就需要一套全新的時間觀。但實際理解時間如何運作的機會有多大呢？現代物理學提出了一套令人眼花繚亂的時間分析，容許相對論性質、以不同速度移動的時間框架，然而，比較令人困惑的是，時間可能甚至是向後移動。這可能是凱西所謂「所有時間都是一個時間」的一部分嗎？

或是考量到人類冀望體驗永恆。永恆的真正意思是什麼呢？是渴望長長久久（也許永遠）活下去嗎？一旦我們放掉過度簡化的觀念，不再認定時間只是一條線，向後延伸到遙遠的過去、向前推進至無盡的未來，一份不同的理解就會浮現。永恆與我們如何體驗當下此刻的品質大有關係，正是這份對無限的體驗貫穿時間的每一刻。只要想像一下，如果我們將投注於擔心未來的能量，重新定向成嘗試醒悟到此時此刻的永恆，人生會發生什麼樣的改變呢？

9.成功無法用物質的標準衡量

衡量成功很困難，尤其是從一個人的靈魂的角度。我們不能用量測外在生活的同一個標準量測內在的生活。誠如凱西所言，我們不應該「企圖用物質的標準量測靈性的東西，也不應該用靈性的標準量測物質的東西」（254-60）。換言之，儘管一個人的人生狀況可能外在看似淒涼的失敗，但內在卻可能達成了真正靈性上的進步。

雖然這套看待成功的相對性質的方式，似乎公然違抗西方對成就的慣有想法，但即便是今天的企業界，也已經開始利用特定的靈性和整體修煉，因為這些同樣承諾特定的外在結果——無論是用靜心冥想來處理壓力、提高員工的生產力，或是利用夢的引導做出較優的股市決策。然而，外在的成功不見得可以轉化成同等的靈性成長。

若要再進一步如此推論下去，有時候，正是在實際物質世界中的失敗，刺激我們更深入地探究自己精神生活的無形世界。如此的反常適用於凱西自己的故事。嘗試做事時，他似乎時常失敗。他的故事充滿失望甚至是災難（他的攝影工作室兩度遭到焚毀），然而當我們閱讀他的傳記，著眼於靈性的成功時，就會看見，有時候，他外在的失敗催促他更深入內在探究自己的屬靈恩賜。他時常向處於明顯失敗的人闡明這個要點，而且時常以靈視力感知到，即使外在世界雜亂無章，內在的成功還是可能的。

10. 勇氣是任何靈性成長的精要

與崇高的志向和理想同樣重要的是，我們必須對此做些什麼，而那需要勇氣。「沒有理想的人確實可悲，人有理想卻缺乏勇氣活出理想則更加可悲，要明白那個道理」（1402-1）。

勇氣的靈性品質確實是靈魂成長至關重要卻往往備受誤解的關鍵。媒體呈現給我們的是膚淺、譁眾取寵的勇氣形象，描繪成一種魯莽大膽的肆無忌憚。真正的勇氣是不同的，勇氣的拉丁字根是 cor，意思是「心」（heart）。勇氣在我們之內覺醒，不是無所畏懼而是面對恐懼。勇氣是打定主意，有東西比我們感受到的恐懼更加重要。

11. 邪惡是真實的且化成多種形式出現

凱西把邪惡看得非常真實，在這方面，他的哲學中有兩點值得深思。首先，邪惡有許多「面孔」，在日常生活中用許多的方式呈現。除非我們準備好要處理邪惡的多重面向，否則肯定會因為邪惡在我們身邊打轉而感到困惑和不知所措。

其次，唯有當我們承擔起自己內在與邪惡交手這份討厭但英勇的工作時，才會體認到並好好處理外在世界的邪惡。凱西有時用下述格言說明這點：「在我們的最惡之中有許多的善，在我們的最善之中有許多的惡，任憑是誰，都沒有必要談論其他人。」因此，儘管自我辯解的頭腦很快指出我們並沒有做出在新聞中看見的那些殘暴、虐人的事，但我們每一個人必有種種方式——儘管規模較小——在自己的人生中演繹某些相同的主題。

為了看見個人在邪惡中扮演的角色，返回到第一點是有幫助的，亦即，有許多邪惡的面孔，而且某些這樣的面孔在我們個人內在比在他人身上更活躍。根據凱西的說法，至少有五個角度可以讓我們理解和關連邪惡（凱西有時稱之為「壞」）：

缺乏覺知：有時候，邪惡可以被理解成，在意識的覺知方面有所短缺，那是一種靈性上的「睡著」狀態。邪惡不斷地用力拉扯，要我們變得愈來愈神智不清，愈來愈丟魂失魄。誘惑天天圍繞著我們。

極端主義：如前所述，凱西有時喜歡提醒求道者，「基督意識」是兩個極端之間的交匯點——亦即，中庸之道。因此，邪惡的一個面孔意謂著擁抱某個極端的觀點，乃至否認任何制衡觀點的有效性，而我們的世界目前想必這類極端分子比比皆是。比較難以看見的是，我們自己走極端的傾向。譬如說，我們可能情不自禁地擁抱極端的「彼世」（other-worldliness），企圖過著比較靈性的生活，且在過程中喪失連結與讚賞物質生活的實際面向。同樣可能的是，我們可能會情不自禁地走上另一條路，變得苦幹實幹、腳踏實地，以至於忽略了人生中無形的那一面。無論是哪一種態度，都是邪惡。基督意識為兩個極端創造了一個交匯區，創造了融合神祕與世俗的人生。

攻擊和侵犯：這兩個詞彙令我們聯想到戰爭，但所有人類的關係都有潛力造成這些類型的邪惡。我們試圖顛覆他人的自由意志，用我們自己的意志制伏對方。真正、實用的靈性帶來的一份贈禮是：有能耐足以正直誠信地為自己（和自己的理想）挺身而出，但不會在過程中變得攻擊和侵犯。

蛻變轉化：如此看待邪惡特別充滿希望。邪惡只是達不到標靶，只是沒有射中靶心。「所以，不敬神距離敬神有多遠呢？只是居下方，就這樣！」（254-68）。那並不意謂著忽略邪惡所達不到的事實；而是代表繼續參與任何不敬神的事物，且不斷努力蛻變它。有時候，需要的只是重新調整。

舉個例子，某人可能有操縱他人的毀滅性傾向，但那份特性可能只是缺少了某樣建設性和健康的東西。雖然這人可能具有促使人們興起動機的才能，但那份才能已經扭曲了，不然就是被濫用到足以稱之為操縱。與其拒絕那份操縱的特性，他可以將之提升並轉化成充分的潛力。如果這人只是設法壓抑缺失，他就會錯失掉自己珍貴的一面。

叛逆和任性：這是凱西關於邪惡的最基本理念。我們每天都有機會選擇善與惡。或許，誠如傑拉德．梅（Gerald May）在他一九八七年的著作《意志與靈性》（*Will and Spirit*）當中提到的，使天平傾向邪惡的是「叛逆的任性」（rebellious willfulness）。「邪惡試圖誤導或愚弄一個人，使其用任性代替意願，掌控代替臣服」。

因此，我們總是可以在每天為回應邪惡而做出的大、小決定當中抉擇。我們必定非常關心國家和國際層級的邪惡，而凱西挑戰我們要好好正視的基本準則是：我們自己與這些主題的關係。

12. 學會為自己挺身而出；學會在需要時說「不」

生命的肯定是很棒的，但有時候，我們必須學會說「不」，然後才能說「是」。聽到這樣的說法可能會讓我們暫停一下，擔心即將走上負面之路。我們真的想要如此榮耀「否定」

（negation）嗎？但事實上，更高階的心理健康需要設定邊界以及用「不」來定義自己。

仔細考量凱西的大膽建言：「就這樣活出每一天每一秒，活到你可以盯著任何人的臉，告訴對方去死吧！」（1739-6）。第一次聽到這一段，人們通常會神經質地大笑。這一定不是艾德格·凱西，這位肯定生命的靈性諮商師不會說這樣的話吧！或許，這只是他的另一個帶反諷意味的幽默。但關於我們需要用力定義和捍衛自己的邊界，凱西是非常嚴肅的，有時候，那意謂著告訴某人去死吧。更常見的情況是，只要堅定地說「不」，讓人家知道你是誰和你需要如何被對待，那就夠了。

這全都是肯定一個人的個人特質。在表面的否定之下，其實是更有意義地肯定某事。重點在於：除非我們能夠先定義自己的邊界，否則沒有愛，也沒有與他人的親密。說「不」這事是最基本的實用靈性。然後，從那個相對優勢的位置，我們可以與另一個個體建立關係。儘管這聽起來可能很奇怪，但愛一個人的確可以一開始先後退，說「不」，好好定義自己，然後再伸出雙手，建立一座真正的橋梁通向對方。

這聽起來很像「自我主張」（self-assertion），在現代心理學實務中頗受歡迎，也是凱西本人不時提倡的。為一位三十四歲機械師領班給出的建言是一則很好的例子，這人飽受讓他人利用自己的社會疾病之苦。凱西直言不諱的建言是：「這個存在體因為有時猶豫不決而允許別人利用他。這個存在體必須學會堅持自己的主張；從了解自我與物質世界的關係出發，不是自我本位，而是自我主張。」（3018-1）

另一個例子是，凱西一再告誡，能夠生氣實在很重要。憤怒是直接與說「不」關連的情緒。當然，他並不是說，我們需要每天到處跑，濫發脾氣，但他的確強調，需要以「對的」方式表達憤怒。「要生氣，但不要犯罪。因為從不生氣的人幾乎沒有什麼價值」（1156-1）。接著凱西補充說，有一只「容器」容納那股憤怒非常重要。「但生氣又控制住怒氣的人不是毫無價值的。」在此要注意，控制並不意謂著「壓抑」，而是導向「適當的方向」，這是一個至關重要的區別。

凱西哲學的模型與架構

記住凱西哲學的十二個精要主題，我們還是納悶這一切是如何融合在一起的。整合這十二點準則的人生架構和普世律法是什麼呢？多年來，凱西在他的解讀中提出了好幾個不同的公式和模型。總而言之，這些創造出一份詳盡的「地圖」，描述人生如何為一個正在經驗「物質性」的「靈性」存在運作。

1.身、心、靈之間的連結

凱西提出的整體哲學，強調身體的、心智的、靈性的相互連結。他時常提出一則公式，顯示物質實相（包括身體健康或不健康）如何產生的順序：「靈是生命，心智是建造者，物質是結果。」

「**靈是生命**」意謂著，有一股根本的宇宙能量。它是生命原力，而且基本上，它是靈性的、非物質的生命力。不過，它可以在物質界顯化。

「**心智是建造者**」意謂著，運用心智，我們每一個人都能夠賦予那個靈性的生命原力一個振動或一個模式。我們用心智創造。可以說，思想就是事物，儘管有時被凱西稱之為「思想形式」的實相，並不是我們的身體感官可以立即明顯感應到的。

「**物質是結果**」意謂著，我們感知成物質實相的一切，都是之前的心智內容表達在物質世界中。我們的生活環境，乃至我們物質身體的狀況，都是由我們的態度和情感形塑的。

凱西提出的一個類比是電影放映機。投影機的燈泡就像靈性的生命原力；影片上的映像就像是意念和感覺構成的心智創作；而投射在屏幕上的映像類似於我們經驗到的物質實相。

所有這一切都強調我們內在的「創造」元素。我們在人世間創造自己的現實；我們創造自己的未來。藝術（繪畫、音樂、舞蹈等等）是深邃的途徑，可以架橋銜接靈界與物質界之間的明顯差距。凱西大力強調這個創造法則的重要性，而「原創力」（Creative Force）是他經常用來祈請神的同義詞。

2. 理想、自由意志、靈魂成長之間的連結

凱西哲學的第二則公式並沒有在解讀中詳盡說明，但可以從凱西提供給數百人的靈性建言中點滴搜集到。這則公式囊括三個因素，而且三個因素源自於三者之間的關係：理想、自由意志、靈魂潛能的開發。在這則公式中，三者依序呈現：「預見一個理想，喚醒並應用意志，靈魂成長將會是結果。」

之前提到，凱西哲學中有一個重要的主題：「任何改變都是從一個理想開始。」這個主題在此被繼續擴大，且被連結至其他的基本準則。一番詳細的闡述使這個理想成為我們「預見」（envision），而不是在邏輯上釐清的東西，可以說是「它出現且找到我們」。我們的任務是保持開放而關注，隨時注意並再次肯定從這個靈魂自發產生的東西。事實上，如果一個人的理想只是某樣已在邏輯上釐清的東西，那麼它的效力和影響八成局限在因果造就且邏輯占絕對優勢的物質界。真正蛻變生命的理想必須來自我們內在更深層的地方，那東西向我們如實展現，使我們直覺地知道它。預見一個理想是：體認到並肯定從自己內心深處召喚我們的某樣東西。

一旦理想被發現了，就必須對它做些什麼。那需要運用自由意志，也就是我們的個體性的特點。但自由意志往往在我們內在睡著了；我們靠自動導航漫遊人生，只是對觸發我們的事物做出反應。為了可以在我們的人生造就不同的理想，自由意志必須被喚醒然後好好應用。

實踐理想是凱西所謂「靈魂成長」的核心。除非在理想的引導下，否則靈魂的蛻變轉化不可

能真正發生。此外，同樣重要的是，開發靈魂的精髓在於：容許自由意志展現。

3. 心智的三個層次

理解人類心智的一個方法，是將心智視為相互作用且彼此影響的三個層級或層次。凱西把這些層次稱為：意識心智（conscious mind）、潛意識心智（subconscious mind）、超意識心智（superconscious mind）。因為潛意識和超意識往往超出我們即時的覺知，因此又被統稱為「無意識」（the unconscious）。

儘管凱西不是唯一提出這個三層結構或第一個採用這些術語的人，但他對這些層次之間的關係意象卻是特殊的。許多心理學派提出，高階心智（或超意識）就像房屋的閣樓，作為一切記憶的倉庫的低階心智（潛意識）就像地下室，而日常的覺知心智（表意識）則介於其間，是房子的主樓層。凱西覺得這樣的結構是誤導。可以說，潛意識和超意識都與意識心智相關連，並不是朝不同的方向；確切地說，我們必須穿越我們的潛意識記憶，才能連結超意識的無限潛能。

因此，下頁圖1所示的三層模型不同於三層樓的房屋。這奠基於凱西一九三二年所做的一個夢：「有一個中心或點，由此開始，持續進入那個狀態，我會向上輻射。一開始是一個螺旋，只是四周有一圈圈環形——開始時非常小，愈往上，就變得愈來愈大。」他在一次解讀（294-131）中提出了對這個夢的詮釋，表示在給出解讀時，他能夠如何提升自己的意識（他將此意識比作一

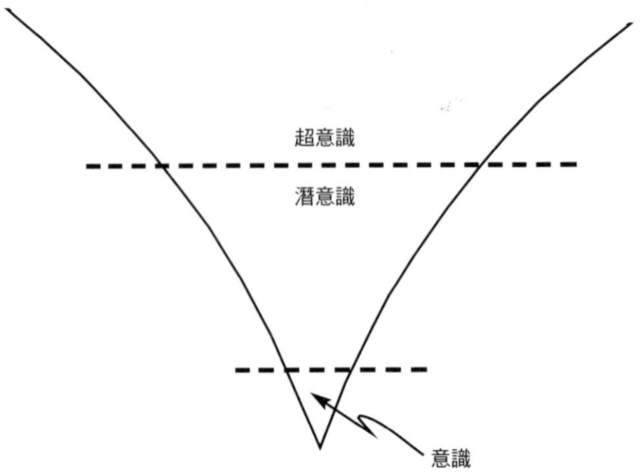

圖1. 人性本質的模型

個點或小斑點），穿越潛意識，然後繼續進入到超意識（或是凱西所謂的「天堂」）。誠如凱西所言：「（一個）極小的斑點，可以說，只是一粒沙子；然而，當它被提升到靈性原力的氛圍或界域時，就變成含括一切，如同藉由漏斗的大小所見到的，不是延伸向下，不是向外，也不是跨越過去，而是直接到達被人類的經驗感受成進入天堂本身的景象。」臨床心理學家赫伯特．柏伊爾（Herbert Puryear）繪製了圖1所示的V形圖，說明凱西對自己夢境的詮釋。

凱西的模型對我們如何理解自己的靈性追求，具有重要的意涵。當我們努力與又被稱為神性（the divine）的高我（higher self）連結時，應該預料到會遇見自己潛意識的「東西」——無意識的欲念、恐懼、憎恨。很簡單，這意謂著，追求與超意識連結非常可能涉及與自己深度相遇，包括我們羞愧或害怕的那些面向，套用榮格心理學的術語，就是「心魔」（shadow）。儘管艾德格．凱西並不熟悉榮格的理念，但他對人類心靈的描寫卻與榮格十分相似。

此外，在一篇已給出的解讀中，關於信息的「源頭」，凱西的心智模型是深具洞見的。他聲稱，信息來自他自己的超意識，他充當一條「開放的通道」，讓源頭可以透過他揭露其智慧，但並不是像靈媒那樣，為其他無肉身的靈體進行所謂的「通靈傳導」（psychic channeling）。凱西肯定通靈的有效性（至少有天賦的少數靈媒證明過這點），但他否認自己是靈媒。只有幾次罕見的解讀（或許總共十幾次吧），他的潛意識心智為天使或無肉體的靈魂之類的另一個靈體發聲。凱西聲稱，在百分之九十九以上的凱西解讀中，信息的源頭都是他自己內在的知曉——或者，就此而言，就在任何一個人的內在，只要我們願意學習如何契入它。

4. 七個靈性中心

凱西回應了東方的智慧，提出人類的經驗可以從身體的七個靈性中心得到很大程度上的理解。傳統上，神學、哲學和心理學一直關注有限與無限之間的連結。如果存在著靈魂這樣的東西，那麼本質無限的靈魂能夠如何影響有限的物質人類呢？對此，古代有個答案，是要好好整理身體的靈性中心，亦即所謂的「脈輪」（chakra，梵語中的「輪子」，意指輪子或旋渦，是靈視者聲稱在身體內感知到的能量）。

靈性中心主要存在於人類的高階能量體之中，這個能量體有時被稱為「精微體」（subtle body），不過凱西偏愛「較精細的物質身體」（finer physical body）這個術語，強調與物質肉身的強力連結，儘管這些中心的靈性活動很難（如果不是不可能）用科學儀器量測出來。凱西還強調，七個中心，每一個各有代表，在肉體中，在內分泌腺體內，也就是將化學激素直接分泌到血液中，從而影響身體每一個細胞的器官裡。從第一個靈性中心上達第七個，他將相應的腺體命名如下：性腺（gonad，男性的睪丸，女性的卵巢）、間質細胞（cell of Leydig）、腎上腺（adrenal）、胸腺（thymus）、甲狀腺（thyroid）、松果體（pineal）、腦垂體（pituitary）。

根據凱西的健康模型，內分泌中心的活動代表心智和「靈」在肉身中的情況。「換能器」（transducer）是描述這些中心有何功能的術語，被定義成一個裝置，被某套系統的某種動力形式激活了，然後供應另一種動力形式給第二套系統。擁有這些靈性中心的兩套系統是：靈魂（能夠存取無限的能量供應），以及被我們感知成物質人類的能量系統。雖然這不算是精確的類比，但在調節具創意的生命原力流入物質身體時，這些中心的運作有點像閥門。此外，它們是靈魂中意識模式的倉庫，而我們的意念、感覺和記憶（凱西會主張甚至是前世記憶）主要也是透過靈性中心和連接至靈性中心的內分泌腺體，在身體之內找到表達。

5. 自我照護的四個階段

凱西強調學習如何照顧自己的健康。在一九三〇和四〇年代，他安排了許多人去到哈洛德．萊利（Harold J. Reilly）博士在紐約市的診所，萊利博士成了深具洞見的詮釋者，詮釋凱西的療癒和健康維護建議。萊利確認了凱西身體安康公式的四個面向，這個模型已經成為許多健康照護專業人員試圖研究和應用凱西醫療建言的基礎。他們拼出了CARE這個字謎：

循環（Circulation）：注意身體對血液和淋巴循環的需求。血液循環不良可能導致許多病痛。

同化（Assimilation）：吃得營養，正確呼吸。此外，在體內創造適當的條件，方便營養素可以被身體吸收和利用。

放鬆（Relaxation）：練習釋放壓力的技巧。我們的身體可以很快變得失衡和有毒，然後疾病一定會隨之而來。

排泄（Elimination）：將廢物排出體外與同化體內營養素同等重要。凱西的許多治療法與其說是將東西放入體內，不如說是刺激身體本有的智慧擺脫不再需要的東西。

凱西創造了某種新的文化神話

凱西提供的某些最迷人的資料，所涉及的故事似乎與現代的歷史研究大相逕庭。包括亞特蘭提斯的故事、古埃及的故事以及當地大型古蹟的建造，但時間的先後順序卻違反幾乎所有主流埃及古物學者的時間線。戈壁沙漠中與波斯境內詳盡的古文明故事則完全不為歷史學家所知。我們對這些非凡的聲明有何看法呢？

簡言之，凱西提出，亞特蘭提斯不是一則異想天開的傳說或隱喻的神話，而是一個長期屹立且實際存在的文化。凱西將亞特蘭提斯的最後毀滅日期定在西元前一萬零五百年，而且提出，失落大陸的遺蹟及其文物可以在加勒比海水域底下找到。雖然耐人尋味的異常現象和誘人的暗示意謂著，古代歷史不只是我們目前所了解到的，但顯然沒有確切的證據證明亞特蘭提斯存在過。對許多人來說，亞特蘭提斯仍舊是凱西的整體哲學中一個具啟發性但沒有證據支持的部分。

或許，埃及是另一回事，因為那些古蹟和文物確實存在且時有爭論。凱西對埃及的觀點極具爭議性，他認為，大金字塔和獅身人面像並不是建於傳統訂定的大約西元前二六〇〇至二五〇〇年，而是再早八千年前左右。建造大金字塔是作為一種初始（initiation）神廟，而不是法老的墳墓。凱西聲稱，包括亞特蘭提斯在內的史前文明紀錄，都被埋葬在一個房間裡，隱藏在距離獅身人面像不遠處的沙堆中，儘管過去二十五年來孜孜不倦的努力，但這個房間至今尚未被發現。

凱西的古埃及理論並不是沒有當代的支持者。譬如說，他的時間線恰好與埃及古物學家約翰．安東尼．韋斯特（John Anthony West）和羅伯特．修奇（Robert M. Schoch）的時間線吻合，這兩位主張，獅身人面像上頭的水蝕痕跡暗示，最古老的部分是在已被廣泛接受的西元前二五〇〇年之前數千年建造的。修奇在著作《金字塔建造者的旅行》（*Voyages of the Pyramid Builders*）當中，將日期訂為西元前七千年至西元前五五年之間——不像凱西提示的那麼久遠，但很接近。

儘管有耐人尋味的證據，但許多專家主張，亞特蘭提斯的所有這些資料根本不是歷史，而是對人類未來前景的預知。其他人則說，凱西對亞特蘭提斯以及埃及的描述，最好被理解成最具正向意義的神話，而神話是解釋事物背後「意義」的故事。不幸的是，在我們這個時代，神話幾乎已經變成錯誤思考的同義詞。神話企圖道出不可言說的東西，而且因為嘗試用平凡的詞彙解釋非凡，神話必須採用隱喻、類比和象徵。凱西的亞特蘭提斯和埃及的故事，至少可以被視為威力強大且頗有價值的故事，說明我們如何形塑自己的現實，何以我們必須選擇「一」而不是分歧，以及何以需要身體的淨化才能實現我們的靈性潛能。所有這些故事都指出，我們在現代世界中如何面對那些同樣的挑戰。

可以說，凱西的亞特蘭提斯和埃及是某個新的文化神話的基礎。如果不陷入複雜難懂、無法解析的辯論，爭吵著在凱西的工作中，什麼能夠而什麼無法在歷史上得到支持，我們就可以好好讚賞，領會關於人類狀況的豐富象徵性和深刻教導。凱西的敘述所蘊含的歷史有效性可能超出了我們可以明確評斷的能力。但「故事的寓意」，正如我們不時援引的，是堅實的。唯有當人類擁抱「一」的法則來引導社會，我們才有機會一同建造永續的未來。

凱西是個人改變的媒介

凱西的哲學和建議始終具有緩解的特質。人們帶著種種痛苦來找他——身體的、心智的、靈性的——而他的工作不可或缺的一環是要協助緩解那份痛苦。但短期「OK繃」式的幫忙是一回事；真正幫助一個人改變是另外一回事。而凱西刻意地誘導人們去改變，通常以溫和、敦促的方式。如果療癒要成功，這些人一定要改變。

來找凱西的人，有些準備只做表面的改變；其他則準備好要在靈魂層次處理比較令人卻步的改變任務。當我們考量個人的改變意謂著什麼時，區分「改進」（improvement）和「轉化」（transformation）之間的差別很重要，這兩個詞往往被誤導地鏈結成同義詞；兩者都涉及改變，但轉化是比較激進的，而且最終更為顯著有效。

改進——自我改進——意謂著造就本質上同一個人的更優版本。在解讀的語言中，這問題是好好精煉或調整人格，亦即，我們熟悉、知道自己所是且讓世界看到的那個人。另一方面，轉化是一次自我意識的量子跳躍；它是個體性的覺醒，明白我們是誰的本質。雖然改進是有價值乃至必要的努力，但我們不應該自欺欺人地認為，單是改進就可以帶來真正的靈性覺醒。「人格

（personality）當然不是要被誇耀或吹噓的東西！」凱西宣稱。「有，很好，而且必要！只要運用得當！沒有個體性（individuality），你什麼都不是！」（257-79）。轉化是更具挑戰性的，因為人格不容易交出它對自己是誰的整個主張。但如果沒有轉化，靈魂仍會焦躁不安、有志難伸。

下述來自凱西的精彩段落，簡潔地定義了轉化：

> **問：**請解釋，與艾德格．凱西的工作相關連且正在發生或即將發生的轉化是什麼意思？
>
> **答：**解釋時，要讓每一個人用自己的語言理解。對某些人來說，那是醒悟到更大的力量通道；對其他人而言，則是靈性勝過物質。對後者來說，業力的影響已經達到了當事人的轉換點，振動可以被從一處帶到另一處。在蛻變轉化時，會為那些尋找這些的人出現一道光。
>
> 262-7

這樣的陳述實在是了不起；本質上，這是凱西遺產的核心。要注意最後一句話：它是總結前面那些句子試圖捕捉到的內容。蛻變轉化將光帶進我們的生命，但我們必須尋找它。光或「覺照」，有時被稱為「靈魂覺醒」，它帶來新的能耐，可以看見自己的內在和外在是怎麼一回事。它也帶來活力和生氣，明確表示某個蛻變轉化正在發生。

回到凱西的答覆，他早就指出：蛻變轉化對不同的人可能意謂著不同的東西。我們可以三種方式經驗蛻變轉化：

「醒悟到更大的力量通道。」當我們做出轉化靈魂的量子跳躍時，就可以存取人生中某種新的力量，但伴隨那股力量而來的是更大的責任。

「靈性勝過物質。」靈性強調「一」，而物質強調區別、競爭。伴隨真正的蛻變轉化，我們開始從「一」的角度回應人生。

「業力的影響達到當事人的轉換點。」在此，聽起來好像凱西指的就是「恩典」這個補足業力的律法。業力意謂著我們不斷應付著自己製造的情境。恩典並不根除業力；它是引進一個額外的元素，如同凱西常說的，可以將「絆腳石變成踏腳石」。當我們敞開接納恩典時，轉化就會到來，那股似乎神奇的愛的力量可以治癒我們最傷腦筋的問題。恩典讓我們知道，我們正在經歷蛻變轉化，而不只是改進。

凱西的工作之於二十一世紀

艾德格．凱西共同創立了三個組織，其中兩個如今仍舊活躍。

一九二五年，凱西與支持者聯手創立了國家調查者協會（Association of National Investigators），提供一套合法的架構主導凱西的總體工作，以及一套架構管理超心理學的調查，尤其是關於醫療靈視的調查。大家都知道，ＡＮＩ從一九二八年開始籌集資金，持續兩年建立並經營凱西醫學研究暨開悟醫院（Cayce Hospital of Research and Enlightenment）。但當醫院由於缺乏資金和董事之間的不和而破產時，ANI也隨之瓦解。

與此同時，凱西和幾位同僚在維吉尼亞海灘市創辦了一所小型高等教育機構——亞特蘭提斯大學（Atlantic University），於一九二九年秋季開始營運。雖然有很好的計畫要擴大學校的範疇、招生和影響力，但也在開辦後不到兩年，遭遇嚴重的財務困境，不得不關門歇業。

但當ANI與醫院一起倒閉時，亞特蘭提斯大學仍舊繼續營運，成為維吉尼亞州特許的法人實體，且在艾德格．凱西去世後大約四十年的一九八〇年代中期，重新活躍起來，成為由維吉尼亞州高等教育認證委員會（Council of Higher Education）授予碩士學位的小型研究院。該校的課程被稱為「超個人研究」（Transpersonal Studies），是跨學科的，課程包括心理學、超心理學、哲學、宗教研究、健康科學、藝術。雖然校方在維吉尼亞海灘市校區提供在地駐校的課程，但多數學生利用電腦化學習在異地參與，有效地促使校方提供的課程遍及全世界。

亞特蘭提斯大學提供的深入研究不僅包括凱西的教導，還擴及許許多多的身心靈實踐者。此外，該大學在www.atlanticuniv.edu設有一個涵蓋廣泛的網站，透過「遠程教育和培訓理事會」（Distance Education and Training Council，美國教育部授權監督學校向異地學生提供課程的組織）認證。

由凱西共同創立的第三個組織如今仍舊活躍，而且是迄今為止，三項努力中成就最大的。在ANI陣亡之後不久，最熱心支持凱西的幾位人士，幫他成立了一處新的非營利組織繼續他的工作，儘管珍貴的醫院專案已被放棄。研究暨開悟學會成立於一九三一年，七十多年來透過出版、會員制、小組研習和討論會，促使凱西的工作被大量而廣泛的群眾所知悉。截至二十一世紀初，全球有三萬多名ARE繳費會員，但實質上也有幾十萬的其他人研究凱西的工作，存取著ARE的種種資源，尤其是www.edgarcayce.org的線上資料。

ARE的一個重要分部是出版。不僅有ARE Press發行所有凱西解讀和輔助文件的CD-ROM，每年還會出版幾本新書，談論解讀中詳述的準則該如何應用在日常生活中。

一九三一年開始，ARE也在「探索上帝」（A Search for God）的贊助下，繼續維持當初艾德格．凱西本人親自參與的一個小組研習課程，經過幾十年來的擴充，該小組最終發展成全球幾千個小組。凱西的教導已在數十個國家中找到了欣然接受的群眾，其中許多國家各自擁有凱西教導的組織和翻譯。

艾德格．凱西對ARE有好些非常具體的意圖，他在一九三五年六月二十七日對第四屆ARE會員年度聚會發表的一場演說中明確地提到這些。他直言不諱地指出：

> 不要認為學會正試圖澈底改革這個世界；或是學會完全不同於或優於其他任何人參加的組織。我對學會宗旨的理解，就好像是：如果在過去一年間，有一個人得到幫助，找到他與神的關係，那麼學會其實就已經取得了了不起的成就。另一方面，如果沒有做到這事，那麼，學會就是失敗的——無論有多少會員，或是外在顯得多麼偉大。
>
> 254-87的附屬報告

因此，凱西本人將個人生命的實際蛻變，轉化設定成評估其教導是否有效的基準。個別研究的讀者需要自行斷定，教導中的哪些部分適合學習和應用，是否感覺到自己的人生因此變得更加美好。本書中，我們將會探索凱西「精要」，再依主題安排的八個章節中檢視凱西哲學核心的那些解讀。

第一章

實相的本質

雖然凱西絕大部分的解讀都是針對凡夫俗子且處理的是日常課題，但他的實用建言底下卻有一個基礎，一套定義宇宙井然有序的形上學系統。

在這個開篇章節中，我們探討的三篇解讀，將呈現凱西的實相觀點的本質以及我們在實相中的位置。雖然三篇解讀的第一篇是針對一位熱心尋求自身靈性解答的中年女子，但它有一份深奧的信息可以提供給所有求道者。第二篇解讀是凱西企圖更廣義地敘述實相，描繪出整個大局，這是一九四三年凱西傳記《有一條河》的部分意圖。解讀5749-14號確實是提供給湯瑪斯．蘇格儒的關鍵性解讀，探討支配這些解讀的總體哲學。第三篇解讀處理善與惡的問題，原本是提供給一小群的凱西追隨者，當時這些人正在準備傳播全球的研究資料。

探索這三篇解讀時，請注意凱西時常企圖將理論和個人——頭和心——編織在一起，以及他時常滿足心智（或是至少激起心智的好奇心），同時對內心以及內心的價值、理想、靈感的需求說話。

生活的法則

這個精要教導是凱西實相觀點的核心：宇宙是一個有律法、有秩序的地方，在那裡展開的事件有韻律、有理由，生命是建立在可倚賴的規則上的。解讀1567-2號以最直接而簡潔的措辭詳細說明此一哲學。解讀對象是一名五十二歲的女性，她深度參與源自十九世紀晚期的「新思維」（New Thought）靈性教導，其中許多法則都與凱西的準則相同，包括自律、靜心和祈禱的重要性，當然這樣的背景使她成為接收凱西信息的絕佳人選。

就許多方面而言，這時的形上學家艾德格．凱西正處於最佳狀態。形上學（metaphysics）主要涉及兩個課題：生存或存在的本質（本體論，ontology），以及有秩序的宇宙系統（宇宙論，cosmology）。凱西在解讀中強力探討了這兩個課題：他提到我們的真實本性以及我們是如何形成的；他詳述了神的基礎本性；也闡明了支配我們的經驗的律法——例如，在形塑我們的經驗時，心智和自由意志所扮演的角色，或是占星學的更深層含義。下述四點脫穎而出，成為凱西形上學體系的核心：

所有生命都是真正存在的唯一真神的表達：神（God）不是我們的想像虛構的，不是人類長久以來因為恐懼死亡而憑空捏造的東西。神是一切萬有的基礎。此外，來自神的生命是連續的、永恆的，因此我們作為靈性存在的生命是連續的、永恆的、超越死亡的。

生命是有所目的的：神一開始就為我們擬定了作為靈魂的藍圖。即使我們每個人都選擇了漸行漸遠（如凱西所言，我們都犯了「個人活動的錯誤」），那份藍圖對我們還是有效。好消息是，藍圖包羅萬象，囊括我們自己的所有面向：身體的、心智的、靈性的。那意謂著，發現並落實神賜予我們的藍圖時，我們不需要否定自己人類經驗的任何面向。

外在的世界代表我們自己的內在世界：大宇宙反映小宇宙，反之亦然。在更廣闊的宇宙範疇上發生的事件，也發生在我們自己比較窄狹的範疇上。在占星學中可以找到一個代表此一準則的實例（詳見附錄2〈凱西與占星學〉）。

我們每一個人都有自由意志和創造的力量：每一個靈魂都可以透過心智和自由意志兩個屬性表達靈性的能量。心智一腳存在物質界，另一腳存在靈界。雖然心智不論在哪一個世界均有創造的潛能，但卻是自由意志——「為自己抉擇的能力」——決定哪一個世界將會支配另一個世界。那些意志的抉擇形成一個人的性格和個體性的真實本質。

儘管這四項準則非常珍貴，但我們仍然需要在解讀1567-2之中尋找更遼闊的信息。艾德格．凱西不只是形上學的老師，這篇解讀更清楚地顯示，他超越了事物何以如是的過程和原因，同時冒險進入目的、道德價值和倫理的層面，正是那個額外的層面增添了凱西哲學的深度。

如果將凱西的哲學完全簡化成形上學，就會錯失掉凱西的人生和工作的重點。很容易落入這個陷阱，因為他在回答艱深的形上學問題方面，表現實在傑出。舉個例子，解讀1567-2號盡是人類存在之謎的迷人線索。但在欣然發現這麼一個解釋的藏寶箱的過程中，我們需要注意某些比較安靜、較不譁眾取寵的真理，談論我們的目的和理想，探討我們的價值和倫理。在這篇解讀中，有兩個這樣的真理尤其突出。

受苦是有意義的，受苦不僅止是對過去做錯事的懲罰。受苦是不可避免的；我們每一個人都會經驗到挫敗、失望、苦痛。誠如佛陀所言，那就是物質生命的特性。或者，如同凱西說的，我們已經進入了「身體和心靈考驗」的界域，那往往遮蔽了我們可以看見的榮光。好消息是，就連受苦可能也有更高階的目的：正是因為某處被考驗，我們才可能會敞開來，接收寬慰人心、具療癒性質的神性恩典。然而關於價值和理想，受苦教導我們什麼呢？它向我們示現一條看見和理解自我痛苦的新路，明白內疚和羞愧是不當的，懂得正是這些非常時期，安靜地與「靈」（the spirit）相會最有可能發生。

我們對彼此負責。人生的精要課題是：我們如何對待自己的人類同胞。我們對彼此有義務，但並不是要為彼此承擔那麼多的責任。事實上，正是在這個社會領域，我們才有最好的機會落實靈魂當初進入物質界域的目的。我們在此覺察到自己與神的關係，而且那份覺知主要來自於我們對其他人類的想法，以及如何與其他人類交談、互動。

總之，凱西哲學的這兩個真理使我們明白他的思想的全貌：深具洞見、形上學說的律法，教導我們為何事物如其所是，同時比較輕聲、溫和地提醒我們，最需要看重自己的本性。當我們從這兩個觀點理解並應用這些解讀所提供的內容時，那麼在最深層的意義上，我們就成了艾德格．凱西的學生。下述人生解讀是一九三八年給出的，雖然是針對某個特定的個人，但卻是一則優美的實例，說明凱西想要對我們每一個人說的話。

解讀

這篇通靈解讀1567-2號

由艾德格．凱西於一九三八年五月二十六日給出。

引導人是葛楚．凱西。

凱西：是的，這裡有現在名為或叫做[1567]號小姐的存在體的紀錄。

我們發現，這些可以說是非常出色的紀錄，然而有些方面卻可能會遭人質疑，就是為什麼一個在某些經驗上已經如此先進的人，現在卻鮮少透過同樣的方式成為眾人的焦點或位居顯要的地位。

如果單從服事的角度研究各種不同的經驗，這些有可能被理解或領會。因為要記住，神看的是內心，不是像人類一樣重視外表。

因此，這個存在體要習得教訓——來自於那些感覺，那些與生俱來的衝動，哭喊著要表達。因為這些在真正表達時，並沒有找到出口，於是轉變成彷彿依靠著來自內在的那些力量。

我們發現，如果這些被好好利用，這個存在體遲早會找到一份平安，一種表達的方式或手法，那一定會為這趟暫留經驗帶來喜樂。

在給出這些詮釋時，要知道，選擇這些是為了讓它們成為有用的經驗。

所以，經驗不只是發生的事件，也包括你自己的心智作出的反應？讓你的人生、你的習性、你與他人的關係是比較樂於助人的，帶著比較充滿希望的態度，這對你有什麼用呢？

這些是每一個個體經驗的標準——目的真誠、欲望真誠；在活動中落實整套律法——那是要愛主，你的神，以你的整顆心、整個意念、整個身體，而且要愛鄰如愛己。

這是整套律法，開示過或曾寫下的所有其他事物，只是詮釋這一切。

所以這樣的宣告會預先排除什麼呢？這番推論是從什麼基礎得出的呢？一個存在體或靈魂在任何特定的時期進入地球，其個體經驗的目的是什麼呢？

回答了這些，然後給出一個詮釋為什麼的背景。

在每一個靈魂、每一個存在體、每一個身體的經驗中，都存在著潛伏和彰顯的衝動。

首先，我們從神「如實存在」的事實開始，接著是天堂和人間，以及所有大自然，要聲明這點，就好像每一顆心裡面都有著但願生命延續的渴望。

那麼生命是什麼呢？之前說過，在「神」之內，我們生活、移動、擁有自己的存在。於是祂

——神，如實存在！或者說，生命的所有層面、所有表達，都是顯化我們稱之為「神」的原力或力量，或者，那就是所謂的「神」。

所以生命是連續的，因為那股原力，那股將地球、宇宙和所有影響力同樣帶入存在的力量，是一個連續的東西，這是第一個前提。

然後所有榮光，所有榮耀，都歸功於那股創造原力，那可以透過我們與自己人類同胞交流的方式，顯化在個體的經驗中！

所以我們說，當我們的摯愛、我們真心的渴望被奪走，我們還要相信什麼呢？

我們發現，這個答案只出現在神給過的應許中，神一直不願任何靈魂滅亡，而且隨著每一份誘惑、每一份試煉、每一份失望，都造就了一條逃生之路，或是修正這些問題的途徑。那不只是「因信稱義」（justification by faith）之道，而且是知道、領悟的方法，明白在這些失望、分離中，會出現神所在意的「得救依據」（assurance）！

因為離開身體，就是要與成為個體的我們所一直敬拜為神的那個意識同在！因為我們每天如何對待最卑微的弟兄、同事、相識者、僕役，就等於如何對待我們的造物主！

所以我們詢問，進入這凡塵，或經驗，或覺知，目的何在？在這裡，失望、恐懼、身體和心智的試煉，似乎凌駕我們可以看見的一切榮光？

太初之始，當個別存在體的創造或召喚出現時，我們是被打造成父神的同伴。

而今血肉之軀不可以繼承永恆的生命；唯有靈、唯有目的、唯有欲念可以承繼永生。

於是，個體活動中的錯誤——不是另一個人的錯誤，而是我們自己個人的錯誤——將我們與那份覺知分隔開。

因此，神透過肉身開路，藉此，靈、心智、身體，每一個層面都可以表達。

所以地球是一個三維、三階或三種方式的表達，正如聖父、聖子、聖靈是同一個，我們的身體、心智和靈魂也是同一個——在神之內。

而今我們已經看見，我們已經聽見，我們知道，聖子代表或象徵「心智」。

祂——聖子，甚至跟我們一樣，身在俗世，然而卻具有「神格」（Godhead）。

因此，心智既是物質的，也是靈性的，且在我們的經驗中牢牢握住它的環境、它的想望。

所以心智，跟神一樣，是「道」——而且居住在人世間；我們瞻仰祂，如見天父的容顏。

我們的心智就是這樣受造的，我們的心智也是這樣孕育構想的——確實跟神一樣；而且是建造者。

所以，我們的心智念念不忘，我們的心智不斷餵養，我們供應這些給自己的身體——是的，給自己的靈魂！

因此，我們發現，所有這些可以說是背景，詮釋我們的經驗、我們何以暫留在人世間。

因為地球（我們目前的家）的占星或相對位置不是宇宙的中心，不是我們的意念的中心；但天父的國度或天堂的國度卻在裡面！為什麼呢？因為我們的心智，聖子，是在我們裡面。

所以，由於意識到祂的覺知，我們可以知道，正如祂開示過的：「你們住在我裡面，正如我在天父裡面——我將過來和你們同住。」

所以，在那樣的意識中，每一個靈魂進入物質性的目的是，它可以開始覺知到自己與創造原力或神的關係；藉由物質顯化所想、所言、所做，以及與其人類同胞相關連的事物！

由於地球忙著它在我們自己的太陽系中的三維經驗階段，也由於與太陽系相關的那些同伴，每一個可以說都代表我們的良知——我們的理解元素——的一個層面，或是我們的感官之一；所以它們各居其位，各有層級，與我們有某種關係，甚至成為我們對物質供養的欲求；也就是：身體所需要的食物，還有一切屬性，那些是我們需要具備才能賴以維生且將其轉變成身體所需元素的一切能力。

從我們向來賴以維生的事物搜集一切元素，進而建構血液、骨骼、毛髮、指甲；視覺、聽力、觸覺、感受、表達。

為什麼呢？因為這些是由（內在）創造原力的「精神」（spirit，即「靈」）所激發。

因此，我們的心智，搭配其屬性，從我們輸入心智自我的食糧中搜集；形成我們的關係概念，以及那些違背神的吩咐或是符合兼容並蓄的律法的事物；也就是說，天父的愛，搭配我們的心智、我們的身體、我們的靈魂，以及我們的愛鄰如己。

所以，所有這些來自外在的（所謂）占星影響，見證——或是成為與生俱來的作用力，影響著我們的活動、我們經歷任何特定經驗的暫留人間之旅。並不是因為我們出生時太陽在這個或那個星座，也不是因為木星或水星或土星或天王星或火星正在上升或下降，而是因為我們是為了成為神的同伴而受造的，僅略為低於時時瞻仰神的容顏的天使，我們是繼承人，與是「救主」、是「道」的他（譯註：指耶穌）「同作後嗣」（joint heirs，譯註：共同產業繼承人），於是我們帶出了這些，因為透過我們在那些界域中經驗到的活動！因此星象見證了，藉由處於特定的位置——因為我們的活動、我們暫居在那些環境中與活動的宇宙諸原力的關係。

因此，這些見證到我們裡面的某些衝動，不是超出我們的意志，而是由我們的意志所操控！因為自古有言，生與死、善與惡天天擺在我們眼前，我們出於自己的本性選擇。如果我們灰心喪志，如果我們被人命令做這做那，或是成了機器人，那麼我們的個體性將會喪失，於是我們只是彷彿在神之內，卻沒有與神合一的良知（意識）；要有為自我選擇的能力啊！

因為我們可以像神一樣，對這說是，對那說不；我們可以憑藉已被賦予或指定由我們保管的天賦禮物，在自己的經驗中訂購這個或那個。因為我們的確是勞工，是上主葡萄園內的同工——或是懼怕祂降臨的勞動者。

於是我們每天選擇自己要服事誰！而且按照時間和空間的記載，當我們穿過神的王國時，就已將我們的印記留在那些上面。

所以這些影響我們，要麼直接，要麼間接，依照我們宣稱自己支持物質經驗中的這個或那個作用力。於是藉由將自己的命運投射在這個或那個方向，我們把那股作用力帶進自己的經驗中。

凱西哲學

總結凱西的哲學並不容易，但那正是湯瑪斯·蘇格儒在凱西授權的傳記《有一條河》的最後一章做的事。為了幫助蘇格儒，凱西給出了一篇解讀，回答蘇格儒發現的一系列難題；解讀5749-14號可以說是凱西給出過意義最重大的解讀之一。自一九四三年以來，蘇格儒的出色著作已將艾德格·凱西的工作引介給數十萬大眾，而談論哲學那一章則是開始與那些解讀中提出的理念合作的基礎。沒有這篇解讀，蘇格儒八成無法寫下那一章。

一旦仔細研究過解讀5749-14號，請好好讀一下談哲學那一章。蘇格儒講述了靈魂創造的故事，以及靈魂何以被困陷在物質之中。他的敘述創造了背景，讓人理解到凱西的基督學（Christology）以及他接觸靜心冥想、夢境和輪迴轉世這類主題的方法。凡是讀過這一章的讀者，一定會體認到解讀中明白闡述的要點。但在這一章的其他段落中，蘇格儒詮釋了他從解讀中得到的理解，然後添枝增葉。這是絕佳的實例，說明作者推斷凱西的精髓，且用可以理解的方式呈現給一般讀者。

為了籌備這次解讀，蘇格儒顯然事先做過功課。他仔細研究過凱西的解讀，外加《聖經》和其他哲學資料。至於蘇格儒希望凱西釐清的十一個「棘手」問題，蘇格儒也已盡力針對問題，設法有系統地闡述自己的最佳想法，為凱西提供可能的解決方案並要求作出評論。如此健全的策略，正是向通靈源頭討教的解讀，時常鼓勵大家使用的方法。

儘管這篇解讀中可以找到許多精妙之處和有趣的細微差別，且至少處理了五大主題：

- 創造天地和生命的目的。
- 自由意志的重要性。
- 靈魂之旅的宇宙觀。
- 化成肉身的過程以及形塑一生的影響。
- 耶穌基督之謎。

當然有其他探討創造的解讀，而蘇格儒同樣能夠援引借用。在這篇解讀中，我們找到了關於「人類墜落」特別直白的描述。凱西很認真地看待邪惡，為了回答這個古老問題的起因，他聚焦在靈魂們濫用自由意志。若要破解解讀中這一部分的基本要點，可能有幫助的是，注意「靈魂」（soul）一詞是被用來表達我們本性的靈性要素，而「人類」（man）一詞則意指許久以後才發生的物質創造。

靈魂本該來到地球嗎？在此，答案有點隱晦（「地球（是）……不見得是人類靈魂的寄居地」（特別強調））。顯然，在靈魂因濫用自由意志而墜落之後，地球變成了有意義的歷練場所。

自由意志的課題在整篇談話中非常突出，事實上，5749-14號解讀可能被認為是凱西談論這個主題的最重要陳述。與心智和靈性並列為靈魂三屬性的自由意志，被凱西以種種方法描述成：

- 墜落的原因。
- 幫助或傷害靈魂成長的最大因素（超越遺傳和環境）。
- 媒介，靈魂藉此利用出生環境帶來的機會。
- 喚醒工具，可以喚醒居住在每一個靈魂的無意識心靈中的基督意識。

這篇解讀的另一個特別重要的部分，涉及耶穌與基督之間的區別，這個主題在第七章〈密傳基督教〉當中會更深入探討。在其他解讀中，我們不僅找到「耶穌是那個模式」的看法，而且發現「力量在基督之中」。也就是說，耶穌是一個人，一個靈魂的化身，有過許多前世，而基督則是一個靈魂可以達成的意識。在這篇解讀中，我們所知道的耶穌其靈魂的使命被釐清了。

不過，凱西對耶穌前世的回答把我們搞迷糊了。蘇格儒將耶穌前世和基督前世的問題放在同一個問題中，把事情搞得更複雜。凱西回應說，基督曾經化身成以諾（Enoch）和麥基洗德（Melchizedek），但接著他描述屬於成為耶穌的一個靈魂的另一系列生生世世，包括約瑟（Joseph）、約書亞（Joshua）和耶書亞（Jeshua）。後面這個序列是否表示同一個靈魂發展的新階段呢？我們無法確定——這點尚待詮釋。

最後的問答交流，似乎像是蘇格儒本人要求針對他個人提供建言。到此為止，凱西已經提出了一篇深思熟慮的形上學論文，洞悉宇宙的結構和人類的歷史。此時意外的轉折出現了：凱西增添了一個道德層面。他說，不要試圖「繞過十字架」。除非一個人同時欣然接受自我犧牲的含義，否則並沒有真正理解所有這些問題——創造天地、耶穌的前世或是任何其他東西。

這一段提醒我們聖雄甘地的警世名言：「要提防缺乏人性的科學、不講原則的政治、沒有品德的知識、不勞而獲的財富、不顧道德的交易、缺乏良知的享樂、不做奉獻的膜拜。」凱西似乎秉持同樣的精神發言：除非你同時擁有理想主義以及落實理想的意願，否則不要搜集高階問題的知識。除非你願意交出自己的個人盤算，犧牲自己生活中的有限目標，否則不要探索哲學和心理學的奧祕，那份意願是凱西或任何真正的靈性哲學最具說服力的面向。

解讀

這篇通靈解讀5749-14號，應湯瑪斯．蘇格儒的要求，於一九四一年五月十四日給出。

引導人是休．林．凱西。

休．林：你面前將會出現湯瑪斯．蘇格儒這個存在體愛追根究柢的心智，就在這個房間裡，當然還有他撰寫《有一條河》手稿所遇到的問題。

這個存在體現在準備好要描寫一直透過這個源頭開示的哲學概念，希望它們媲美且呼應已知的宗教教義，尤其是基督教神學的教義。這個存在體並不奢望提出一套思想體系，也不暗指所有哲學性問題都可以透過這個源頭得到解答——那是有限心智的局限無法辦到的。

這個存在體希望回答在讀者心中自然升起的那些問題，以及當今世界上每一個人都會問到的許多問題。因此，這個存在體提出某些難題和疑問，而你將根據這個存在體的領會能力回答，完成當面詮釋的任務。

凱西：是的，我們掌握到湯瑪斯．蘇格儒這個愛追根究柢的心智，以及那些在這個階段出現在這個存在體腦海中的疑問。準備回答提問。

問：第一個問題涉及創造天地的原因。這應該被說成是神渴望經驗祂自己？神渴望友誼？神渴望表達？或是在其他方面有所渴望？

答：神渴望友誼和表達。

問：第二個問題涉及各種所謂的邪惡、黑暗、否定、原罪。是否應該說，這個狀態的存在是創造的必要元素，而被賦予自由意志的靈魂，發現自己具有可以沉溺其中或是在其中迷失自己的力量？還是應該說，這是由靈魂本身的活動創造出來的狀態？無論是哪一個，那是否應該被描述成一種意識的狀態，一種逐漸缺乏覺知，覺察不到自我以及自我與神的關連？

答：那是自由意志，以及在與神的關係中迷失自己。

問：第三個問題與人類的墜落有關。這是否應該被描述成在靈魂的天命中不可避免的東西？或是神並不想要那樣，一旦神賦予了自由意志，祂就不會制止墜落？這裡的問題是要調解「神的無所不知」，以及「神知道伴隨靈魂的自由意志而來的所有事情，和靈魂從恩典中墜落」。

答：一旦賦予了自由意志，神就不制止。因為，祂在太初之始打造了個別的存在體或靈魂。因為，原罪的開始，當然那是因人類尋求自身的表達，超出了神的計畫或神表達過的方式。因此，問題在於個人，明白嗎？因為賦予了自由意志，所以——儘管有先見之明，儘管無所不能、無所不在——只有當是神的一部分的靈魂選擇了，神才知道相關的結局。

問：第四個問題涉及人類寄居在地球上。靈魂保持地球的形式是神當初的本意嗎？各個人種最初是由於錯誤而成為必然的嗎？

答：地球以及地球的顯化只是神的表達，未必是人類靈魂的寄居地，後來人類才被創造出來——為的是滿足現存條件的需求。

問：第五個問題涉及人生解讀的解釋。研究這些得出，似乎有一個趨勢向下，從早期的化身開始，朝向更貼近世俗、少思少慮。然後有一個擺動向上，伴隨苦難、耐心和理解。這是正常的模式嗎？這個模式憑藉自由意志和心智，取得最終的美德以及與神合一嗎？

答：這是正確的，那是設定在祂之內的模式。

問：第六個問題涉及，在兩次地球轉世之間，在行星和星系之間的居留情況。透過這個源頭給出的信息談到，存在體艾德格．凱西，在經歷過優爾特（Uhjltd）那一世之後，去到牧夫座的大角星（Arcturus）系，然後再返回到地球。這顯示靈魂演進中一個平常的步驟？還是非比尋常的步驟？

答：之前說過，或是在這個主題以外的其他來源提過這個問題——大角星可以說是這個宇宙的中心，個體通過這個中心，而且在那段期間，個體可以選擇是否要返回那裡——就是在這個行星系統、我們的太陽、地球太陽和它的行星系統之中——作了結，還是到其他地方。這是非比尋常的步驟，也是平常的步驟。

問：第七個問題涉及第六個問題的含意。有必要先完成太陽系的循環，再進入其他系統嗎？

答：有必要完成太陽系的循環。

問：「一」的達成——或是達到演進的終點——可以發生在任何系統上嗎？還是必須在特定的系統中？

答：當然取決於存在體進入了哪一套系統，那可以在許多系統的任何一套當中完成。

問：太陽系的循環必須在地球上完成嗎？還是可以在另一顆行星上完成？或每一顆行星都有自己必須完成的循環？

答：如果在地球上開始，就必須在地球上完成。地球所在的太陽系只是整體的一部分。因為，之前提過與地球相關的那些行星，它們同屬太陽系，而且彼此相關連。要完成的是整套系統的循環，明白嗎？

問：第八個問題涉及父母親在受孕時所打造的模式。是否應該說，這個模式吸引到某個特定的靈魂，因為靈魂大略評估條件，看看是不是想要一起努力的狀態？

答：靈魂大略評估條件，它不設定。因為，個別的存在體或靈魂，有機會要自己的自由意志好好致力於那個結合所呈現的那些問題。然而那個結合當然會吸引到或帶來讓某個個別存在體好好表達的管道或機會。

問：即將來到人世間的靈魂必然要承擔父母親的某些業力嗎？

答：基於靈魂與父母親的相應關係，所以會承擔，否則不會承擔。

問：靈魂本身是否擁有一個地球模式，可以回復成父母當初創造的模式？

答：剛剛說過，那是相應的，一個與另一個相關連；而且因為活動的結合，這些被帶入模式中。因為在這樣的模式裡，存在著宇宙或神聖律法的解釋，那些永遠是同一個；就像「神在自己裡面動了」這個表達所顯示的，當時神並沒有改變，儘管祂的確給自己帶來了以肉身被釘在十字架上的折磨。

答：難道一個靈魂可能具有好幾個模式，取決於靈魂希望致力於什麼樣的發展階段？也就是說，靈魂可以選擇成為好幾個人格中的某一個嗎？不論哪一個都符合它的個體性？

答：正確。

問：靈魂的期望的平均實現率是大於還是小於百分之五十？

答：這是不斷提升的，所以是超過百分之五十。

問：在幫助或延緩存在體發展方面，遺傳、環境、意志是同等重要的因素嗎？

答：意志是更重大的因素，因為意志可以戰勝任何或所有其他因素；只要意志被打造成與模式合一，明白嗎？因為遺傳、環境或是諸如此類的影響力超越不了意志；否則為什麼要示現那個模式，讓個別靈魂無論誤入歧途多遠，都可以與祂一同進入「至聖所」（Holy of Holies，譯註：「至聖所」在《舊約》是指會幕或聖殿放有約櫃的地方，與聖所之間有「幔子相隔」；在《新約》則是指聖徒的身體）？

問：第九個問題涉及大師基督特有的象徵或比喻。耶穌是否應該被描述成——這個靈魂首先經歷了地球累世累劫的循環以求達到至善？這也包含祂已在這顆行星的累世累劫中達到了至善？

答：應該是這樣。這是成為耶穌那個人，明白嗎？

問：這應該被說成是自願的使命嗎？耶穌已經達到至善且已經回歸神，已經在其他層面和系統中完成了神的「一」嗎？

答：正確。

問：基督意識應該被描述成每一個靈魂內在的覺知，以模式被印記在心智上，然後等待被意志喚醒，覺察到靈魂是與神合一的嗎？

答：正確。觀念完全正確！

問：請列出基督以及耶穌化成肉身的名字，指出人類耶穌的發展從哪裡開始？

答：首先，當然是太初之始；然後是以諾、麥基洗德，至善至美，然後是地球上的約瑟、約書亞、耶書亞、耶穌。

問：第十個問題涉及靈魂演進的因素。「心智」這個建造者，應該被描述成最後的發展歷程嗎？因為應該要等到擁有堅實的情感美德基礎，心智才可以展開。

答：回答「是」和「否」均可。但如果情況是，刻意保有，譬如說，想要在合一之中的渴望，那就有必要先體認到心智是方法，才能達成目標。

問：第十一個問題涉及與基督教相似的宗教。根據這個源頭給出的信息，諾斯底主義（Gnosticism，譯註：或稱「靈知派」、「靈智派」，「諾斯底」意為「知識」，是指在不同宗教運動以及團體之中的同一信念）是最接近基督教的嗎？

答：諾斯底很相似，而且在開始設立規則、企圖抄捷徑之前，原本是被廣為接受的派別，而基督教中沒有捷徑！

問：哪些早期教會或理事會的行為，可以說是從基督教神學支配輪迴轉世？

答：剛才說過——個人企圖去接受或利用這門知識，明白嗎？

問：在其他系統中，靈魂會像在這套系統中一樣被困住嗎？

答：在跟這套系統中的地球一樣的其他系統裡，是的。

問：現在正在籌備這些章節，有沒有任何其他建言可以提供給這個存在體？

答：要堅持那個理想，永遠以「神」作為那個「理想」。而且要舉出那個必要性，因為每一個人都會遇到同樣的問題。而且不要企圖擺脫或企圖超越或繞過十字架。這是每一個靈魂必須正視的，而且必須知道，十字架天生就在與祂同在的自我之內。

現在解讀完畢。

善與惡的問題

凱西一再提出，在某一世，靈魂可以要麼進步，要麼倒退。邪惡本質上促成了靈魂退化（soul retrogression）——遠離「一」的靈性天命。所以，我們該如何看待自私的野心、貪婪和暴力，一些所謂的邪惡面孔呢？試圖從靈性觀點看世界的個人，該如何理解如此公然濫用權力以及這對他人造成的傷害呢？

針對這個問題，若干最具洞見的評論，可以在這篇當初提供給第一批「探索上帝」小組的解讀中找到，這個小組從凱西那裡接收到大約一百三十篇解讀，探討了二十四個靈性準則和靈魂成長。解讀 **262-52** 號是該小組在研習「機會」主題期間傳遞過來的，那是後十二課的一部分（我們將在第六章〈靈魂發展與靈性成長〉當中探討前十二課）。我們在物質世界中面對的實質機會是：選擇要麼為提升生命的價值觀服務，要麼成為自私、毀滅性價值觀的奴隸。如同我們在解讀 **262-52** 號近尾聲時發現的：「意志被賦予給人類……以供選擇。」

這篇解讀的主旨，是要有系統地編纂可以呈現給學生的「一」的準則。的確有好幾位小組成員回想起，四年前，一位有成就的凱西解讀學者莫登．布魯曼索（Morton Blumenthal）想要為學生設計一門課程。當時，他得到的建言是：「前六個月的第一課應該是『太一』（One），『太一』，還是『太一』；神的一，人類關連的一，原力的一，時間的一，目的的一，每一份努力中的一，就是『一』（Oneness），『一』！」（900-429）。

儘管促使解讀262-52號尤其值得注意的是探討邪惡的問答交流，但凱西的創世故事與合一律法設置了無價的珍貴背景，讓人欣賞到凱西通常如何對待善惡。

神是第一因（the first cause），是太一源頭（the one source）。在誕生出宇宙這個創造性的偉大行為當中，神動了。兩極對立是結果：正面與負面、吸引和排斥。如今要在選項之間做出抉擇，那份動態張力是未來發展的關鍵。

人類的靈魂在哪裡融入這則故事呢？我們每一個人都被創造成有潛力成為我們可以成為的。帶著自由意志的天賦禮物，每一個人可以選擇遵循神的發展藍圖或是反抗它。在這份靈性演進的藍圖中，無限的「靈」穿透物質——也就是說，宇宙的靈以個別的人類形態來認識自己。因此，我們有機會「覺察到在他的意識界域裡面移動的第一因」。

所以，人類是如何出錯的呢？邪惡是如何進入這個平衡態勢的？我們受到兩種基本邪惡的誘惑，艾德格．凱西約略提到過，而馬丁．布伯（Martin Buber）和魯道夫．史丹納（Rudolf Steiner）等靈性哲學家則比較明確地闡述了。誠如凱西所言，兩種形式都是一種叛逆，都意謂著反對將「靈性」帶入物質界的衝動。

一種邪惡誘使我們相信沒有靈性實相這類事物。它否定神的「一」，乃至否定有更高階力量的存在。它促使我們抗拒相互穿透的靈，專注於物質實相。結果可能是盲目的唯物主義、鐵石心腸、自私自利的想法，以及對死亡的恐懼。

另一種邪惡比較難以體認。它過度申張自己的權利。儘管錯覺妄想，但我們其實並不是太一、創造能量的源頭；我們只能夠反映和指揮它。凱西要我們想像一面鏡子，鏡子不會自己發光，只是反射光和重新導引光的路徑。實際上，與其說「我是神」，我們更需要說：「我為住在我裡面的唯一的神服務。」

是否有一個特定的「靈體」（being），一個個人的惡魔，導致我們誤入歧途呢？解讀262-52號提到一個，但那不同於聲稱邪惡是被人格化的，就好像「個人的神」（personal God）並不意謂著神是不折不扣的一個人。凱西反倒是要提醒我們，每一個人都有個人的邪惡能耐，如此叛逆的能耐使我們遠離人生的真正目的。

邪惡並不是神學家和哲學家的空談；它準確命中現代文化的核心，以及我們讓自己陷入的混亂。在探索將會振興並治癒社會的價值觀時，我們首先需要體認到蘊含其中的與神合一。然後我們需要體認到，有些選擇確實是提升生命的，有些則否，而且邪惡對這些選擇的影響是非常真實的。邪惡並不是與神分離，而是以負面的方式使用那個太一源頭。歸根結柢，勇敢面對善與惡的問題其實並不是解開某個哲學上的糾結，而是有意願為自己的選擇負起責任。

解讀

這篇通靈解讀262-52號，

由艾德格．凱西於一九三三年八月二十五日給出。

引導人是葛楚．凱西。

葛楚：你將在這個時候針對「萬有原力合一」（Oneness of all Force）的基本真理給出一席話，總結並相互關連已經透過這個管道開示過的資料，而且將為我們提供一些基本的、邏輯的、經過系統整理的陳述，可以公布給做研究的學生們當作基本真理。你將針對這個被問到的主題回答問題。

凱西：好的。在給出可以當作基本真理公布的資料時，以及相互關連曾經不時被發表的陳述時，最好先蒐集透過這些管道提供過適合詳加說明的依據。

然而，我們可以給出的可能是真理的依據或基礎，那些可以被零零落落地蒐集到。至於相互關連性和段落的安排，起碼你們該做些事吧！

所以，依據是：「要知道，喔，以色列啊（要知道，喔，人們啊），主，你的神，就是太一！」

從這個前提出發，我們可以推論：在一切力量、原力、運動、振動的顯化中，促成的、減損的，本質上都是太一原力、太一源頭，以元素的形式呈現。至於已因活動而被授予權力的存在體，藉由或透過活動所完成或達到的，則是另外一回事。

所以，太一源頭或太一原力就是現在被提出的問題。

神是第一因、第一準則、第一動靜，如其所是！那是太初！現在是，過去是，未來也是！先是那些符合創造原力或第一因——它的律法——的源頭、原力、活動，然後是要與源頭合而為一，或是同等於然而又與那個第一因有所分別。

所以，人類——作為元素、存在體，以物質生命和形式顯化的獨立存在——何時可以覺知到或意識到第一因在自己環境裡面的動靜呢？

或是，讓人類處在他目前的位置或意識中，他如何或何時可以覺察到那個第一因在自己的意識界域裡面的動靜呢？

太初之始，有吸引的力道和排斥的力道。因此，在人類的意識裡，他覺察到了所謂的原子或細胞形式的運動，然後變成星雲狀活動。這是人類經驗中最低階（依據人類的說法）的活動形式。然而，這個分離原子作用力的運動，就是第一因，或是所謂神在物質層面的顯化！

所以，當它在活動中蒐集正向負向力道時，無論是屬於某個元素或界域或是另一個元素或界域，它的力道或源頭都會透過宇宙放大。

因此我們發現，世界、太陽、恆星、星雲、整個太陽系從一個第一因開始運動。

當這個第一因進入到人類當下界域的經驗中，他困惑了，因為他似乎可以指揮這股力道或力量，當然囉！儘管採用的方式很像光在鏡子中的反射。因為，那只是反射的力道，而人類可以運用那些力道讓自己顯現在活動中，顯現在人類當時可能正在鑽研的不論哪一個界域——不管是來自星雲、氣體或元素，這些已在整個人類所謂的時間或空間的活動中聚集在一起。而第一因需要某個有限存在或意識之中的念想，才能在它的運動中使意念成形。

因此，當人類專心致志——或是利用專心致志在活動的界域中變得有意識，同時在正確的範疇或界域中信任（人類稱之為「信任」）人類的意識，他就可以用有限之力意識到力與無限的結合。

因此，在那樣的果實當中——情況往往如此，那些是靈的果實——人類覺察到無限穿透或相互穿透一切物質力道的活動，或者，那是將無限的界域顯化成為有限——而有限意識到了這些。至於將這些當作真理來應用，可以說，人類透過在物質層面活動而被賜予的能力，在自我之內促使意志與創造作用的律法合而為一，於是開始：

「同類相生——種瓜得瓜，種豆得豆——心想事成。」

對多數人來說，這些都是陳腔濫調，就連善於思考的人也不例外；但萬一個人的心智（有限的心智）在自己的存在裡面轉向屬於這些陳腔濫調的律法，直到理解升起為止，那麼在無限的有限當中就有那份意識，繼續運動且在內在的自我之內運動著。

生命的一切力道也是這樣開始於地球的。無限的「動」作用於物質界有限的反向力道，或是要成為一股被顯化出來的力道。

準備回答提問。

問：請解釋，何以所謂的善力和惡力是同一個。

答：這點剛才解釋過了。當授權給一個已經從「靈」分離出來的身體時（或是從無形進入到有形，或是從無意識進入到物質意識，或是從神的另一扇門——或是從無限開放到有限），那麼這個活動就是生命，且生命帶著源頭的意志誕生。至於生命與其活動的源頭交流些什麼，或是如何建立自己與源頭的關聯，生命可以偏離多遠，則取決於生命到底多有能力甩脫負向力和正向力。

因此，我們說，「飛得愈高，摔得愈慘。」那是真的！

所以，那已被分離的形成一個「體」（body），無論是天上的體、人間的體，或是純粹泥土被顯化成活動的人類，成為善或惡。那個「體」如此行動所造成的結果，既是取決於又不是取決於（算是交互依靠嗎？）（譬如說，介於兩者之間），他因了解活動——或是活動的那個源頭——而產生的作為。

問：請解釋流行的「惡魔」概念與「萬有原力合一」的關連，那似乎已被《聖經》中的許多段經文證明屬實。

答：一開始是天界的存有。先有聖子，然後是其他神子或天界存有被賦予力氣和力量。

因此，在無形的力道當中（或是在靈之中），叛逆的力道活動了，就是已被稱作撒旦（Satan）、惡魔（Devil）、大蛇（Serpent）的那股勢力；它們是同一個。叛逆的力道！

因此，當人類在任何活動中反抗善的勢力時，就會傾聽惡的勢力，而不是善的勢力。當人類進入這個我們在物質力道中見到的顯化形式時，意志被賦予給人類，以供選擇。誠如開示過的：「擺在你（人類）面前的有善有惡。」

邪惡是叛逆。善是生命、光明、真理之子；而光明、生命、真理之子，進入到物質存在，以示範和示現並引領人類在物質界中揚升至良善勝過邪惡的力量。

所以，有個人的救主，也有個人的惡魔。

解讀完畢。

總結

凱西談論實相的本質

我們活在一個有秩序的宇宙中，受宇宙的律法支配。人類在這個宇宙中有一個有所目的的位置，而且有一份作為靈魂的藍圖：要有意識地將靈性生命的特質帶入物質世界。那份藍圖要求我們好好發揮神已賜予我們每一個人的兩份大禮：創意思維和自由意志。這樣的自由使我們有可能誤入歧途——也就是叛逆或受到邪惡的影響。幫助靈魂成長的任務，是要使我們的自由意志與創造萬物的神的更高旨意連成一氣。在這麼做的過程中，我們醒悟到蘊藏在一切存在底下的統一性（unity）。

第二章

靈魂與靈性心理學

艾德格．凱西是靈性心理學或「超個人心理學」的先驅之一，那是一套對治人類心靈的方法，讓人看見整合身體和靈性是非常有可能的。當然，由於缺乏正規訓練，凱西從不曾認為自己是心理學家。此外，他那個時代的心理學（可能有少數學派例外，對此，他八成知之甚少）很少讚賞身、心、靈之間的任何連結。

儘管如此，在重新探討凱西給出過的數千則解讀時，我們可以看見，他經常擔任治療諮商師和靈性心理學家。他提到的一些主題將在後續章節中討論，在此，我們先來檢視凱西創新心理學核心的四大主題：

- 人格與個體性之間的區別。
- 核心價值（凱西所謂的理想）的重要性。
- 靜心冥想的轉化力量。
- 夢帶來的洞見和引導。

雖然「理想」的概念已在引言中探討過了，但那對凱西的工作至關重要，因此有必要在此多加關注。三個單篇解讀優美地捕捉到凱西探討前三個主題的教導精髓，而以夢的解析的案例而言，精髓要點則由節錄自多篇解讀的簡短摘要充分闡釋，說明了凱西夢境詮釋策略的寬廣度。

人格與個體性

在凱西職業生涯的最後幾年，我們看見他的靈性心理學成熟精湛。此時給出的許多解讀相對是簡短的，某些情況純粹是由於他所承擔的工作量很大。但簡潔往往是智慧的標記，何況一部分這類較為簡短的解讀算是凱西最重要的解讀。

下述解讀是在嚴重的健康危機迫使凱西中斷工作之前僅僅九個月給出的，關於「人格」（personality）與「個體性」（individuality），這或許是他最具說服力的談話。這兩個名詞是凱西靈性心理學的關鍵，貫穿那些解讀。不要指望在大學的心理學課程中聽到這樣的區別，尤其是秉持傳統觀點的教授。即使大約七十年後，儘管凱西、榮格、維克多．弗蘭克（Viktor Frankl，譯註：一九〇五至一九九七年，奧地利神經學家、精神病學家，維也納第三心理治療學派——意義治療與存在主義分析的創辦人）和許多其他人的偉大創舉，這樣的觀點依然不是主流。

這篇解讀奠基於某個合法的假設。宇宙遵循某些定律，正如我們是根據某些定律被創造出來的。解讀中途，凱西提供了一個有用的類比，談到社會的法律，然後提到耶穌基督如何成為典範，示現我們人格與個體性之間的正確關係，但這兩個詞彙意謂著什麼呢？

「人格」是我們呈現給外界的自我，類似於榮格心理學所說的「人格面具」（persona），是我們每一個人戴上的面具，而在日常生活中與人和情境互動時，我們就隱藏在人格面具的後面。它是我們熟知的自我身分，從外部看，它是我們在鏡子裡或自己的錄影中看見的自我。但人格也是由我們內在生活的元素所組成。舉個例子，用平時我們默默與自己交談的熟悉方式可以觀察到人格，那些是我們事後評論或批判自己的細小聲音，奠基於我們一路上學到的習慣模式。

往往，人格全神貫注於自我和自我本身的重要感，這篇解讀中提到的是要其他人「認識到你的個人優勢」的渴望。因此，我們可能會把人格想成是，從某種「任性」出發，要將自己置於事物的中心，這順帶建立起開始有其生命的自動思考、感覺和行為習性。

人格可以有意識或無意識地運作。不幸的是，大部分時間，它都是無意識的。我們往往處於自動導航，有強烈的習慣模式驅使著我們。人格是我們的存在受到制約或是根深柢固的部分，而且可能是阻礙我們成長的巨大障礙，尤其是當它試圖取代個體性時。

「個體性」是我們比較真實可靠的存在，它是有連續性的自我，從一世到下一世。它是「高我」（higher self），凱西不常使用「高我」，反而偏愛「個體性」這個詞。或許他避免使用「高我」，因為不希望我們認為這個深刻、最為真實的自我是已然完美的；個體性仍舊需要成長和發展。使個體性如此特殊的因素是成長的能耐，是個體性在那個方向的強大推動力。另一方面，人格往往相當滿足於現狀，包括其中涉及某種程度的不適乃至疼痛。

個體性是一個人在靜心時喚醒的本體。事實上，凱西對這個至關重要的靈性紀律的最佳定義之一是：不帶有人格但帶有個體性的活動。如果你靜心，八成可以回想起你感覺到自己做出轉變的時候：突然間，習慣性的思考和情緒模式平靜了下來，而且，在此過程中，你清晰地憶起自己的另一面，那個剛被喚醒的部分接觸到普世意識。與你的個體性連結八成令你感到安全、有保障，而且在靜心時段的尾聲，可以自在地為他人祈禱。

在最基本的層次，是什麼促使人格和個體性如此截然不同呢？何以人格不像個體性，是比較真誠認識自己的方式呢？本質上的區別在於視角和世界觀，如同在「吉姆、約翰和蘇珊」這篇解讀範例中的出色說明。我們的人格自我在思考、說話、做事時，均抱持非常明確的動機：我們自己的需求。另一方面，我們的個體性自我可以用不同的動機看待同一情境：關心「更大的善」以及尊重「他人需求」的能力。本質上，這是凱西在解讀中間接提到的黃金法則。

誠然，人格聽起來糟透了，而個體性聽起來非常好。然而，在關於這個主題的其他解讀中，凱西提醒我們，若要在物質世界生活，人格是必要的。在某種程度上，我們甚至需要為自己留意尋找並養成某些習慣和常規（你可以想像開著車同時必須不斷留意你所做的每一件小事嗎？在此，人格確實非常有用）。問題出在，當我們與個體性失去聯繫且相信人格就是一切時。

解讀

這篇通靈解讀3590-2號，

由艾德格·凱西於一九四四年一月二十六日給出。

引導人是葛楚·凱西。

葛楚：你將為這個存在體提供一篇心智和靈性解讀，以及在這個時候有所幫助的信息、建言和引導；回答可能被問到的問題：

凱西：是的，我們掌握到這個身體，這個愛追根究柢的心智，[3590]號。

我們發現，在給出可能對這個存在體有所幫助的信息時，要考量到許多人格和個體性的狀態。在此，為了這個存在體，應該要分析一下人格和個體性，如此才能提供這個存在體關於我們所謂的人格和個體性的概念：

人格是指，存在體——有意識或無意識地——在他人面前展開、讓人看見的部分。關於你是否會對吉姆或約翰說早安同時忽略掉蘇珊——這些是人格的部分，基於某些差異，或是基於某個欲念，想要被那個你一定要付出的他人利用或需要。

雖然在同樣的境遇下，個體性會是——我希望可以為蘇珊或吉姆或約翰做這個或那個，因為如果情況反過來，我希望吉姆或約翰或蘇珊可以這麼做。

一個是基於普世意識，那是靈魂存在體（soul-entity）的部分活動。另一個是個人的，或是渴望被認可，或是渴望另一個個體認清你的個人優勢。

這些是這個個別存在體的變化。

所以，在分析可以應用在經驗中的心智和靈性影響時，這個存在體發現它自己——如果它可以停下來好好分析的話——是一個身體、一個心智，帶著追求靈魂不朽的希望，那將會不斷地、永恆地體認到那些與普世意識或神的關係。

所以，這個存在體在這個物質層面發現到，有必要在實際上符合社會、政府、國家的某些道德和刑法，甚至是為了被稱為好公民。因此，如果要為這個存在體做好成為靈魂存在體的準備，成為天國的公民，是不是同樣有必要符合這個存在體也是其中一份子的靈性王國的律法呢？何況曾經有一個典範，一個天國的公民，也就是聖子本身，祂已經為這個存在體以及其他存在體示現了。所以，這不是很好嗎？這個存在體努力表現，讓自我得到天國的認可，正確地適度強調神的告誡、神的審判、神的誡命的各個層面，於是成為那個個人王國的好公民。

這些就是自我內在的理由，如果你有花時間詮釋你所相信和期望的。

不要只是在心智上那麼做，要在心智上和肉身體上下工夫。將它登記在三個不同的欄位裡：物質上——肉身體的屬性是什麼呢？眼睛、耳朵、鼻子、嘴巴——這些是工具或方法，透過它們，物質身體的覺知可以讓他人知道，憑藉視力，憑藉聽覺，憑藉說話，憑藉感覺，憑藉嗅聞，這些是意識。

所以有身體的情緒。這些出現在心智標題的下方，不但如此——而且還有那些心智體和情緒體誕生的層面，或是由肉身體操控，有時則完全由心智體操控。所以，心智體的屬性是什麼呢？思考的能力，根據思想行動的能力。這些是從哪裡冒出來的？你把肉身體存在的機能用在這方面嗎？你在許多情況下那麼做，然而你可以靜靜坐著思考——你可以想想你自己，想想凡是你的意識對肉身體上的實際存在留下印象的地方。因為你可以坐在自己的辦公室內，同時看見自己在家，而且確切知道你的床是什麼模樣，你今天早上離開時，床鋪尚待整理啊！這些是物質身體的，完全不屬於客觀的物質；然而你比較那樣的知曉、那樣的理解，評斷它們。

靈性的自我是生命，心智體和肉身體的活動是靈魂的活動，因此是靈魂體（soul-body）。記下每一個的屬性，還有你何時與如何使用它們，以及如何改變它們。每一個的理想是什麼呢？你的心智體、肉身體和你的靈性體或靈魂體的理想是什麼呢？當你在恩典中成長，我們就會發現，個體性必會改變——直至你成為同一個，因為聖父與聖子和聖靈是同一個。

這就是你成長的方式。

所以要努力在神面前作一個經得起考驗、問心無愧的工人，正確地講解真理的信息，保持自我，不沾染世俗；不譴責，即使是在你不會被譴責時。因為當你禱告，誠如祂所教導的：「寬恕我，如同我寬恕別人一樣。」因此在你譴責時，在你不經意評斷時，要只讓你的造物主對你的審判存在。

現在解讀完畢。

理想與核心價值心理學

藉由知道我們相信什麼，以及真心秉持什麼作為核心價值，於是有一種簡單、直接的方法，可以召喚個體性回歸覺知。走在靈性之路的關鍵在於那些細小的抉擇——很可能一天幾十次——為的是抵抗人格的習慣性拉扯，同時聆聽個體性的智慧。

凡是研究凱西解讀的人，都知道理想非常重要，假使原因無他，至少理想經常被提到。譬如說，解讀中提倡的靜心冥想法是以理想為中心。此外，凱西最創新的夢境詮釋策略之一是：量測夢中發生的什麼事與你所珍視的理想牴觸。另一個例子是：凱西的療癒哲學，仰賴擁有一個理想和一份想要康復的決心。

關於理想，最常被引述的凱西信息來自這篇357-13號解讀，是提供給在第二次世界大戰期間擔任職員的一名四十歲女性。「所以，對這個或任何個別存在體來說，最為重要的經驗是，首先要知道在靈性上理想是什麼。」促使357-13號解讀顯得特殊的絕不只是這樣的聲明；事實上，這整篇解讀是珍貴的，因為它指出，理想如何在我們的生命中運作，且概述了凱西的源頭最為推崇的靈性理想：普世的基督（the universal Christ）。

研究這篇解讀時，首先要注意凱西在第二和第三段中如何描述人類的基本困境：我們的心智，帶著非凡的創造潛力，被拉向兩個方向。一方是理想的吸引力，對可能性抱持正向、有創意的意象。另一方是物質界的拉力。不幸的是，經常占上風的是限制性、具毀滅性的物質影響力。

聚焦在物質的欲念如何獲得我們的關注呢？通常，要麼是靠危機，要麼是靠良好的合理化。想想你自己的人生：打斷你或使你分神的是什麼？干擾你追求理想的是什麼？對某些人來說，正是物質生活的無盡要求，似乎重要到不容忽視；對其他人而言，則是憂心、憤怒、憎恨、恐懼之類的情緒造成混亂。在這些壓力重重的時候，幾乎每一個人都會經驗到似乎被危機或情緒支配的日子。

第二個讓人轉移注意力的是，有衝動要說出或做出當時看似合理的事。因為我們可能把情況合理化，我們可能證明應該勉強接受不是最好的東西。

看看你能不能親自回想一下過去二十四小時發生的例子，使你遠離你的理想的情況。這個練習的本意不是要你感到罪疚，而是為了看見危機和合理化實在司空見慣。

當然，只是體認到理想心理學的這個面向，還是留有一個極其重要的問題沒有得到答覆：我們要秉持的最佳理想是什麼呢？顯然，凱西心中有一個具體的靈性理想：普世的基督，那是耶穌活出的理想。同樣意義重大的是，它是為我們每一個人播下的種子。在這篇解讀中，凱西滔滔不絕地描述這個普世的基督模式，從「一位大膽的老師」開始（在第七章〈密傳基督教〉當中，我們會更仔細地探討凱西的基督論）。

當我們承諾那個模式是自己的模式時，會發生什麼事情呢？或者，就此而言，當我們投資任何的理想時，會發生什麼事情呢？「設定理想」用種種可以戲劇性地改變我們人生的方法吸引住無意識心智。也因此，凱西稱之為靈魂能夠擁有的最重要經驗。

但「設定靈性理想」是什麼意思呢？只是告訴別人你做了什麼嗎？抑或是把設定的理想寫在一張紙上呢？解讀357-13號提到兩個對理想心理學至關重要的關鍵元素。兩者都扮演為人生激起靈魂之力的角色，蟄伏在無意識之中。兩者都涉及自由意志的行為和創意思維的參與。

「志向」（aspiration）是第一要素。秉持普世的基督意識作為理想，代表立志追求這樣的特質（357-13號解讀的許多部分就是這類啟發靈感的訊息）。也許那些特質看似遙不可及，但我們可以感覺到，自己朝內在伸展和觸及，達到基督意識應許我們的一切。同樣的情況適用於選定的任何其他靈性理想。努力奮鬥涉及自由意志和心智的創造面：我們必須做出抉擇，而且必須利用想像力將理想與自己關連起來。

志向是要素之一，大抵不足為奇。試想一下，人們如何在日常語言中使用「理想」這個詞。通常，它有志向的意味；舉個例子，理想的家是我們所能想像與家庭成員相處的最佳方式。理想的工作是想像一個能夠發揮我們所有才華的職場。志向代表的意思勝過「欲念」；那個過程含有直覺的元素。我們渴望或立志追求某樣東西，因為在某種程度上，我們感應到那其實是可能的。

「信任」（trust）是凱西理想心理學的第二要素，是一個比志向更精微的因素，想像一下，你可能立志追求某樣東西，但不相信它其實活在你裡面，不信任它對你來說是有可能的。沒有信任，你就還沒有設定靈性上的理想。

信任不容易接受，因為大部分人發覺，信任是非常困難的。它需要更具挑戰性地運用自由意志，而不只是單純的立定志向。信任意謂著有意願放下恐懼和疑慮，它意謂著最終相信超越我們的意識自我的力道。直到你放手且衷心信任，你才能夠將普世的基督（或其他任何東西）設定成你的靈性理想。

這裡有另一個比較粗淺的例子：開燈時，你信任電力會照亮整個房間。開水龍頭時，你信任水會開始流動。換言之，你幾乎不擔心是否有電有水。好了，愛批評的人可能會說，你沒頭沒腦地認為一切理所當然，也會說，世間許多人無法如此直接取用這些資源。但重點不在於我們多麼幸運，而在於教導我們何謂信任。

真正的理想是你不必思考或質疑的，它已然成為人生不可或缺的一部分，是已知的事實。遭遇挑戰時，你知道你可以倚賴那個理想，就好像當你需要時，你可以依靠電或水。有些日子，你真正的理想幾乎是看不見的，因為那是你如何看待世界不可或缺的一環。

我們生活在一個亟需重新看見理想的力量的時代，不是天國餡餅似的空想，那往往無法與現實生活連結。今天的世界需要尊重（乃至崇敬）「為自己個別的人生設定一個理想。」凱西提出了一套非常有效的方法，全神貫注於如何設定和實踐理想。志向是一個關鍵，勇於信任是另一個關鍵。

解讀

這篇通靈解讀357-13號，

由艾德格．凱西於一九四二年六月十一日給出。

引導人是葛楚．凱西。

葛楚：[357]號的身體和愛追根究柢的心智將會在你面前，她服務於維吉尼亞州……珠寶公司，說到她的健康、家庭生活、工作和大致上的幸福。你將會給出一篇心智和靈性解讀，以及有用的資訊、建言和引導；當我提問時，回答她所提出的問題：

凱西：在給出一個身軀的肉體、心智、靈性安康的詮釋時，從心智和靈性解讀的角度——如同我們常說的，「心智」是建造者。

心智利用它的靈性理想來建造架構，心智也利用對物質的欲求作為毀滅的管道，或者說那是物質欲求的干擾，使身體和心智無法與它的理想保持完美一致。

因此，這些持續在物質層面彼此爭戰。身體的緊急狀況或生理症狀往往可以被當作藉口，或是成為身體選擇做這個或那個的正當理由。

依照你的理想，這些東西應該是這個樣子的嗎？

所以，對這個或任何的個別存在體來說，最為重要的經驗是，首先要知道在靈性上理想是什麼。

你的模式是誰？是什麼？

縱觀人類在物質世界的經驗，在不同的季節和時期，導師或「準」導師曾經降臨；針對個人控制身體或心智欲望的方法，建立某些形式或某些理論，以求臻至某個特定的發展階段。曾降臨一位大膽的老師，居然宣稱自己是永生神（living God）的兒子。

祂沒有設立任何的欲望規則，祂沒有設立任何的道德規範，除了「你們要人怎麼對待你，就得怎麼對待人」，而且要知道「因為你們如何對待最卑微的弟兄，就等於如何對待你們的造物主。」祂宣稱，天國在每一個個別存在體的意識裡面，要被達成，要覺知到——透過靜心冥思這個事實：神是每一個靈魂的天父。

耶穌基督是中保（mediator，譯註：中介人）。在祂之內，以及研究祂在人世間的範例，就是「生命」——而且你們可以更豐盛地擁有生命。祂前來示範、顯化，將生命和光明帶給每一個人。

所以，在這裡，你找到一個朋友、一個弟兄、一個同伴。祂說過：「我不稱你們是僕人，而是弟兄。」對許許多多相信的人來說，祂賦予力量，可以成為神、天父的子女；與這位耶穌基督同作後嗣，知曉並覺察到，這份臨在永遠與設定這個理想的人們同在。所以，這個作為理想的，是什麼呢？

關於你的同胞，祂說過：「你們要人怎麼對待你，就得怎麼對待人。」不要思慮、不要擔憂、不要過度焦慮身體。因為祂知道你需要什麼。在你所在的位置，在你找到自己的意識當中，也就是所謂的今天、現在，需要你更宏大、更美好、更奇妙的開展。

但今天聽見祂的聲音：「到我這裡來，所有軟弱或背負重擔的人，我會從那些擔憂中使你們得安息，從那些焦慮中使你們得平安。」因為主愛那些完全信靠祂的人。

所以，這是擱下仇恨、惡意、焦慮、嫉妒的心智態度，而且這個心態代替這些創造，因為「心智」是建造者，靈的果實則是愛、耐心、慈悲、長期受苦、善意、溫和。於是這些——對照那樣的無法無天。它們瓦解障礙，它們帶來平安與和諧，它們帶來不挑剔的人生觀，不因為某人「忘了」、某人的評斷拙劣、某人今天很自私而挑三揀四。你們可以忽略這些，因為祂也忽略不記。

在神自己與神從人世間揀選出來的人類的共同經驗中，如果神曾因人類離開祂，投向某個憤怒的大祭司、某個堅定的律師、某個不義的管家而悵然若失，那麼今天，你的希望、你的應許何在？

對神來說，儘管有能力摧毀，但並不想做那樣的事，反而寧可給出祂自己；於是創造原力——神，可以與那個看法、那個評斷重修舊好。就這樣，慈悲，透過血的流出（譯注：指耶穌被釘在十字架上），進入到人類的經驗。

靜心的轉化力量

凱西在解讀時提供了具體的靜心相關建議和引導給幾百名個人，但他也給出了好幾篇專談靜心冥想、適用於每一個人的解讀。解讀281-13號被廣泛認為是他探討靜心主題中最為實際、詩意、勵志的論述。有三個中心主題：

- 讓我們能夠區別禱告與靜心的定義。
- 潔淨的重要性。
- 如何發揮想像力，藉此蛻變思考。

解讀281-13號提出了好幾個靜心的定義，包括在解讀快結束時提到且經常被引用的：「空掉自我，清空阻礙創造力升起的一切。」但或許，最有用的定義早就出現在這篇解讀中，而且可能很容易被忽略，因為它並沒有被聲明是一個定義：「（靜心）帶有個體性，不具人格的性質。」

如前所述，人格是我們正常的身體意識——我們的好惡、我們的習慣、我們私底下盤算著要把事情做好。它是我們每一個人握有且熟悉的身分認同感——或者，也可以說，那樣的身分認同感掌控著我們。在這方面，禱告主要是人格的活動；是人格做出的特殊努力，是「將人格傾倒出來」，如此我們才能被充滿。「禱告是身體的意識齊心協力……」

另一方面，靜心要求人格靜止不動。靜心是清空；它是思考中斷（即使是高尚的思想），誠如我們一般經驗到的靜心冥想。它涉及覺醒以及參與我們存在的另一面——個體性，那是更直接地連結到靈性世界。

個體性的「語言」是什麼呢？它在靜心中如何運作呢？在這篇解讀中，凱西提出，關鍵在於想像的力道。我們在關注中持守，在自己裡面提升某個形象，從而在靜心中蛻變轉化。真正的「創造」發生在靜心中；或者也可以說，在靜心時，我們正在被「重新創造」。這篇解讀的最後幾段有一個非常清晰的意象：基督，不過這裡顯然指的是「普世的基督意識」（universal Christ Consciousness），因為它等同於「神識（God consciousness）的愛」。不管怎樣，任何信仰的人們都可以實踐凱西的靜心冥想法——雖然是虔誠的基督徒接收到這篇特別的解讀，而且所用的語言本質上確實是基督教的。

達致有效靜心的一個祕訣是，有能力停止正常的思考過程，然後很有想像力地聚焦在一個崇高的理想上。在凱西談論靜心冥想的許多解讀中，他建議使用「肯定句」（affirmation），即許多東方宗教所謂的「咒語」（mantra）。肯定句或咒語，內容簡短陳述了一個人的理想。靜心冥想的重點不是要以平常的方式思索肯定句，而是允許自己去感覺詞語背後的意涵，同時在寂靜的關注中持守那份感覺。它是有創意地使用想像的力道，而且非常有目的地指揮這些力道。它不是做白日夢；它是用一個人的感受和直覺感知那個理想的實相。誠如凱西所言，我們的自我感移動著，「深入——再深入，來到在愛的種種創造原力當中看到、感覺到、經驗到那個意象。」想像的力道讓我們能夠經驗並感受到那層意義。

有效靜心的另一個關鍵顯然是「潔淨」（cleansing），而且這篇解讀幾乎有一半是以某種或另一種方式探討「潔淨」。為什麼我們的身體和心智的淨化如此意義重大呢？一個原因溯及這篇解讀的開端。這篇解讀的主旨是針對如何靜心尋求建言，「不做擾亂心智體或肉身體的努力」。方法之一是在靜心冥想前潔淨。

另一個潔淨的需求也被提出了。請深思，當我們在寂靜的關注中守住自己的理想時，會發生什麼事。透過靈性中心（或稱脈輪），那個意象的影響或振動在體內升起。凱西將傳統高階能量體的七個脈輪，連結至肉身體的七個內分泌腺。此外，他略微提到這個理論：靜心時，創造的能量從第一、二脈輪（凱西將這兩個脈輪連結至生殖腺和間質細胞）一路向上，直達最高階的兩個脈輪（腦部的松果體和腦下垂體）。

什麼因素可能導致那個意象與最高階的靈性中心失聯呢？這篇解讀確認了兩個因素：如果我們一直在心智上虐待自己（帶著懷疑、自我譴責、恐懼等等），而且只能想像出非常有限的理想，那麼那個意象的運動便大受局限；它不會在較高的層次共振，乃至達不到那麼遠。然而，即使我們一直全神貫注於基督理想，另一個局限也可以能很容易存在。我們的生理和心智自我當中的雜質必須被剔除，如此這個意象才能自行散布至「身體沿線的這些中心、基地或位置」。這些雜質變成了阻力障礙。

當然，這並不是全有或全無的問題。如果我們等到自己完全淨化了才嘗試靜心，恐怕永遠抽不出時間。有效的潔淨就像有效的靜心，是有級別的；重點只是：在開始靜心前，要盡己所能，將障礙減至最少。

此外，解讀281-13號也提出性慾的課題。凱西將第一個靈性中心與生殖腺（女性的卵巢，男性的睪丸）相關聯。他說明，各種創造原力在生殖中心找到起源和動力：「生殖力本身，那是個體裡面『生命』本身的真正精髓……」

凱西對性慾的立場是什麼呢？他體認到，這對我們來說是非常重要的主題：「因為沒有一個靈魂的生命不受到性生活的巨大影響。肢體動作不見得總是有快感，那反而是在創造原力和身體本身的創造能力當中找到表達。」（911-2）

事實上，凱西在解讀中給出建言時，並沒有試圖將任何嚴峻的道德準則加諸在人們身上。他反而要求我們思考，性愛活動是表達創造力的方法，而且他總是回歸到個人理想的準則。談到性愛，在斷定對個人來說是對或錯時，每一個個人都必須決定，某個性愛活動與他或她已選擇的人生理想有何關連。凱西告訴一名因丈夫不舉、正在考慮以謹慎外遇來滿足自身性需求的女性說：「像這樣的問題只能用你的理想是什麼來回答。千萬不要有理想卻不嘗試達到。絕不要譴責為取得助力而那麼做的人，但如果是基於個人的、自私的快感，那就是罪。」（2329-1）。如需更多凱西探討性慾的資訊，請見本書附錄3。

總之，解讀281-13號是一篇了不起的談話，不但漫談有創意的生命力，更具體地探討靜心。對凡是想要天天靜心冥想的人來說，相當有價值，初學者將在這裡發現一個直截了當的方法，老練的修習者無疑將會發現，這篇解讀值得再次研究，它捕捉到這個至關重要的靈修操練的基本主題。

解讀

這篇通靈解讀281-13號，

由艾德格．凱西於一九三二年十一月十九日給出。

引導人是葛楚．凱西。

葛楚：艾德格．凱西的通靈工作將會出現在你面前，就在這個房間裡，還有曾經且目前不時被給出的信息，尤其是關於靜心和禱告的信息。你將以清晰、簡潔、可以理解的方式，給出一個人可以如何靜心或禱告，不做擾亂心智體或肉身體的努力。如果這可以用一般的方式給出，請為我們概述。如果有必要為特定的個人勾勒，你將會告訴我們，個人可以如何臻至達成這類經驗所必須的理解，不對自己造成傷害。

凱西：是的，我們取得了那份工作、那些曾經且不時給出的資訊；尤其是關於靜心和禱告的信息。

首先，考量這類情況時，最好分析一下靜心和禱告之間的差異（這點往往不被理解）。

偉大的導師（譯註：指耶穌）曾用實例定義或開示過禱告，說它是促使一個人的表意識自我更能夠與可以顯化在物質世界的靈性力量合拍合調，且通常是許多個體的合作經驗，禱告時，大家被要求齊心一意地投入；或是如下所示：

不要像那些喜歡被人看見的法利賽人（Pharisees，譯註：西元前五三六年至七〇年間猶太第二聖殿時期的一個政黨、社會運動和猶太人中間的思想流派，非常重視宗教形式），他們做出長篇的論文或禱告，要讓人們聽見。他們運用物質和心智兩種頭腦立即得到自己的獎賞。

寧可像進入聖殿的他（譯註：收稅人），連舉目仰望也不敢，他捶著胸膛說：「神啊，憐憫我這個罪人！」

哪一個人合乎情理？收稅人？還是法利賽人？法利賽人昂然站立，要人們看見，還感謝神，說他不像其他人那樣，他付了什一稅，他做了聖殿要求的服事，他無所畏怯地站立著，他甚至不像這個異教徒粗野無教養，沒洗淨雙手，沒剃光面容，便企圖觸及恩典的寶座？

在此，我們已經為自己做了禱告上的比較：那可以是傾瀉出個人或一群人的人格，這人或這一群人進入禱告，是為了外在表現教人看見，還是進入宛如一個人內在自我的密室，然後將自我傾瀉出來，好讓內在的人（inner man）可以被天父的聖靈用祂對人類的慈悲仁愛所填滿。

現在為靜心做比較：所以，靜心是禱告，不過是來自內在自我裡面的禱告，而且參與的不只是生理上的內在的人，還包括從內在被人的「靈」所喚起的靈魂。

好吧，我們細想這點，從個人的詮釋，以及群體的詮釋，或是從個人的靜心以及群體的靜心。

之前說過，當個人進入真正或深度的靜心時，這個內在的人裡面會有明確的狀況升起。某個生理症狀出現，某個生理活動發生！透過什麼起作用呢？透過那人已經選擇要去召喚想像或衝動，於是衝動的源頭被喚起，藉由摒除與人類肉體層面的活動或屬性有關的思想，脈衝的源頭被喚起。無論我們從群體觀點還是個人角度考量，那都是真實的。所以，改變自然而然地發生，這時，在個人裡面，靈魂棲居的所在，有那份刺激被喚起，在這個存在體或這人的身體裡面，所以這帶有個體性，不屬於人格。

如果已經設定了印記（mark，在此意謂著，個人運用想像力和脈衝力升起的意象）且以理想的形式呈現，被個人奉為此時有待提升的標準，不但是個人內在的標準，也是外在世界被放大或將被放大的一切力道和權勢的標準，因此個人（或意象）的印記有羔羊、基督、聖者、聖子，或是我們可以賦予的任何名稱，那讓個人能夠透過印記進入，真正臨在來自印記裡面的原創力——明白嗎？

有些人濫用身體的心智屬性製造疤痕而不是印記，害自己陰影重重，導致內在只有不完美的意象可以被升起，而且升起的高度充其量不過是肉體欲望在個別身體裡面所能喚起的高度。當然，我們現在講的是個人；我們還沒有將它提升至可以被廣為散布的地方，因為要記得，它從身體內名為「萊登腺」（lyden）或「間質細胞」（Leydig）的腺體中升起，通過生殖力本身，也就是個體裡面「生命」本身的真正精髓，明白嗎？因為這些功能永遠不斷分泌讓個人的肉身體具有陽剛活力的物質。現在我們要談到來自外在和來自內在的情況！

靈（spirit）和靈魂（soul）在自己的容器裡面，或是在個人身體裡面屬於它的神廟裡——明白嗎？然後由於這個意象被喚起，它沿著所謂的「亞壁古道」（Appian Way，譯註：古羅馬時期的戰略要道）升起，或是松果體中心，來到大腦的底部，於是它可以被散布到那些中心，為整個心智和身體的存在帶來活動。然後它上升至大腦系統中心的隱藏之眼，或是被感覺到在頭部的最前方，或是就在實際的面孔或鼻梁上方的位置，明白嗎？

不要被術語給混淆了，我們必然要用術語來點出個體裡面這些狀態的確切活動位置，我們可以為個人釐清這點。

所以當個人進入深度靜心時：自古以來就發現到（個人已經發現了），自我準備（對個人而言）是必要的。對某些人來說，必要的是，用純淨的水潔淨身體、採用某些類型的呼吸、在整套呼吸系統中保有均等的平衡、讓循環在流經身體時變得正常、讓特定或明確的氣味，引發那些可以緩和或刺激系統部分活動的狀態（或是促成狀態的生成）、更多肉體的或更多物質的源頭暫且被擱置，或是，身體整個被淨化了，如此，升起的思想純淨，比較不會妨礙它散布到整個系統，以及升起通過所有身體沿線的這些中心、基地或位置。可以肯定的是，這些是有助益的；如同特定的咒語，如同某些聲音的低沉底蘊，如同某些聲調、鳴鐘、鐃鈸、鼓或各種容器的聲響。雖然我們可能自認為思想比較高級，挑剔那些所謂野蠻人的毛病，但他們卻可以在自己內在引發或喚起——就像我們已經且確實知道的，那可以透過作戰時的吶喊被升起，可以透過某些字辭或物品的使用、升起對毀滅力量的熱情或渴望。這些狀態可以升起——不是靠鎮靜這些，而是身體的潔淨。

「今天，你們要自己聖潔，於是明天，你們可以將自己呈獻在上主面前，讓祂可以透過你們說話！」這並無不妥。因此，可以告訴每一個人：要先找到對自己來說比較確定的方法，觸及淨化中的身體和心智的意識，然後才嘗試進入靜心、升起意象，並透過意象試圖了解創造原力的意志或活動；由於你正在靜心中提升，真正的創造正發生在內在的自我裡面！

當一個人找到了自我潔淨身體的方法，不論是遠離某些食物或遠離某些關係（男人或女人），還是遠離那些有所妨礙的意念和活動，妨礙人們因為在內在的人（或是內在的個體、男人或女人，在此意謂著那些所有身體器官、心智器官都從中接收其活動刺激的放射感覺或中心）之中找到完整的表達而得到提升，這時，我們很容易看見，在靜心當中（當一個人已如此淨化自我時），各式各樣的療癒如何仰賴意念的翅膀得到散布，那是非常重要的事——而談到此事的人鮮少沒有考慮到可能因此造成的結局！

於是，當某人已潔淨自我，不管用什麼方法，便有恃無恐，不怕情況會變得太過強勢，因而導致任何的身體或心智失調。倒是沒有潔淨便進入任何這樣的靜心，較容易碰上任何類型或形式的災難，或是苦痛，或是任何性質的不適。所以，當那些意念，或是當團體靜心的潔淨法矛盾衝突時，這類靜心可以請求升起並顯化自我裡面較高階的力量，帶出那些要麼使某人更接近另一個人、要麼促成因經驗到他人而黯然失色（破滅粉碎？）的狀態；因此，以某個個人的理念作為中心思想的短期團體靜心會是比較好的，也可以運用言辭、咒語，或是跟隨能力、努力或欲望均真誠的某人的說話方式，在心智中喚起一場合作的活動。

所以，當作一則公式——當然，不是唯一的公式——讓個人可以為自我、為他人進入靜心：用純淨的水潔淨身體。自在地坐著或躺著，不穿緊身衣。透過右側鼻孔吸氣三次，同時透過嘴巴呼氣。透過左側鼻孔吸氣三次，同時透過右側鼻孔呼氣。然後，要麼靠低沉音樂的幫忙，要麼藉助咒語，帶著自我深入——再深入，來到在愛的種種創造原力當中，看到、感覺到、經驗到那個意象，進入到「至聖所」（譯註：這裡指身體）。當自我感覺到或經驗到這樣的升起時，要看見它透過內在之眼（不是肉眼）散布，因此帶來更大的理解，滿足身體經驗到的每一個狀態。然後聆聽你自己身體的每一個中心回應那個新的創造力所創作出來的音樂，如此一點一點地進入，促使自我可以——在祂之內——更新必要的一切。

首先，潔淨房間；潔淨身體；潔淨周圍環境；用思想、行動！不要帶著怨恨或對任何人不友善的意念，接近那個內在的人，或是內在的自我！否則這樣的做法遲早會招致你自己的毀滅！

禱告和靜心：

禱告是身體意識協同一致的努力，要與造物主的意識合拍，若不是以集體方式，就是循個人途徑！靜心是清空凡是妨礙創造力升起的自我，創造力沿著人體內的天然通道升起，透過那些中心和源頭散布，那些建立起這個身體、心智、靈性之人的活動；靜心得當一定會促使一個人在心智上、身體上變得更加強健，這段難道沒有提過嗎？他（譯註：指《聖經》中的先知「以利亞」，見〈列王紀上〉第十九章八節）仗著那飲食接收到的氣力捱過了好多天嗎？「我已經吃過你們不知道的飲食」，那不就是已為我們指出明路的神的開示嗎？我們付出，同時整個人也會跟著耗竭——身體和心智雙雙枯竭，然而因為進入那份寂靜，進入靜心中的那份寂靜，帶著乾淨的手、乾淨的身體、乾淨的心智，我們可以接收到那份優勢和力量，適合每一個個人、每一個靈魂在這個物質世界中參與更大的活動。

「不要害怕，就是我。」要確定，我們敬拜的就是祂，我們為了那樣的散布而在內在自我之內升起那份崇敬；因為，祂說過：「你們必定食我的身；你們必定飲我的血。」所以，在內在自我之內升起基督的意象、神識的愛，正在促使身體變得十分潔淨，足以阻擋總是不計一切妨礙的所有力量。

在祂之內，你要是乾淨的。

現在解讀完畢。

夢的解析

在艾德格．凱西生活和工作的時代，夢的解析才剛剛成形。經過幾個世紀的聲名狼藉和備受壓抑，夢開始被視為進入人類心智和靈魂的珍貴窗口。

凱西為要求解夢的不同個人詮釋了一千多個夢境，多年來，解夢成了他的研究方法的基石之一。他將夢視為非常真實的東西——在某種意義上，夢比醒時人生的經驗更加真實，因為夢提供了不摻雜質的誠實觀點，看見一個人的內在生活是怎麼一回事。

夢是認識自己的途徑，但並不是每一個夢都會提供引導，告訴我們該做些什麼。決策最好是在表意識的層面做出，但做出較佳決策所需要的信息可以在夢中找到。夢揭示出影響我們以及讓我們可以依照夢境採取行動的因素。凱西把這樣的應用視為真實可靠的夢境詮釋。只是釐清或破解夢的意思是絕對不夠的；真正的詮釋在於夢中洞見引導我們採取的新行動。

儘管大部分的夢似乎令人困惑，但凱西宣稱，夢是一種推理，夢不是「演繹式推理」，那是一般表意識心智運作的方式，從一個整體的假設開始，然後找出該假設可以發揮演出的具體方法。相反的，夢是「歸納式推理」，心智藉此蒐集大量分散的細節，試圖回頭推論出一個可以鏈接一切的整體假設。就某種意義而言，夜晚你的無意識心智正在挑選你人生經驗中分散的細節，試圖往回推理，找出背後的真相。

不過，凱西從不滿足於只有一套搜出夢境意義的方法。他反而是利用種種策略，能夠從中直覺斷定哪一個最適合用在某一個特定的夢。回想起來，凱西的一生中，佛洛伊德模型（Freudian model）是最重要的，它強調有意識的人生往往潛抑了天生的驅力和欲望，以及何以夢境通常如願以償。雖然凱西的詮釋偶爾聲稱，個人的欲望，無論是有意識的或無意識的，有時會衍生出夢境，但他同時還有至少五種其他的方法。在接下來的摘錄中，每一套策略都被簡要地定義過及說明，然後由凱西加以應用。

詮釋策略1：將夢的主題融入作夢者的人生

強而有力的第一步是，確認夢的情節或故事大綱的精髓。這意謂著，寫下夢境，同時找出夢中行動的主題，亦即：敘述故事的一個個動詞。使用這套方法時，當事人起初並不會注意到夢中的特定象徵符號，反而是聚焦在夢中的行動。於是這人領會情節，看見情節如何反映清醒時的人生。

策略1可能不會提供作夢者的生活中需要何種改變的相關指引，但它呼籲作夢者好好關注需要更有意識地覺察「存在之道」。

以下舉出兩個例子。在第一例中，凱西並沒有努力詮釋夢中特有的符號，我們可能很容易想當然耳地認為，提到的「糖果」一定與作夢者的飲食或生活中其他既表面又不是很有營養的東西有關。

問：「進到店裡，要買美元十角的雷根糖，店家只給了四顆。『十角就這麼多嗎？』我問。店家告訴我，就四顆。『哦，那麼，巧克力怎麼賣？』我邊問邊想，買巧克力，不買雷根糖。『三顆一美元。』店家回答。『就三顆？』我問道。『三顆。』店家回答。『那巧克力也不要了。』我斬釘截鐵地說，然後走出店家。」

答：這向存在體顯示，自我之內有時候並不一致，意指日常生活中出現的種種情況，只要存在體願意花時間從每一個觀點考量同一件事。因為，正如存在體詢問的價格是不一致的，自我的許多行為在他人看來也是不一致的。

136-20

這個夢的主題本質上是，正在被要求的事是不一致且不公平的（請記住，一九二五年這個夢發生時，十角等於很多錢，應該可以買到一整袋雷根糖）。凱西認為，那個主題恰好應用到作夢者曾以不公平的方式對待其他人。

問：幾天前的晚上，我看到父親，似乎是他動了盲腸手術。我想看看癒合的傷口，但父親正在洗澡。「手術後一直要洗溫水澡，」他告訴我。他離開浴缸時，我才有辦法看見並檢查手術留下的那道疤。

答：……所以，這些情況代表，這個存在體如何以象徵的方式和手法……行事應該依據存在體參照某個既定法律或事實訂下的每一條規則。也就是說，有時候，在身體的物質構成中，那些不被理解的部分，以及同樣不被理解的活動，有必要被移除掉……有時候，有必要移除某些狀態，或是某些想法，或是某些在頭腦中建立起來的力量。

900-296

第二個夢的主題是，某人有某樣東西正在被移除掉。凱西認為，那個主題講的就是作夢者，因為他必須學習在醒時人生中「移除某些想法」，放下老舊的觀念。

詮釋策略2：補償的夢

平衡是凱西靈性心理學中的關鍵概念。心智健康主要是在兩個極端（我們內在的弔詭與矛盾）之間找到一個整合點。當然，這個原則是榮格分析心理學的核心，但再次強調，並不清楚凱西對榮格或榮格心理學了解多少，而這個理念似乎獨立出現在凱西的教導中。

凱西談論極端的方法之一，是從普世基督意識的角度，這是第七章探討的主題。之前說過，基督意識是一種覺知的狀態，我們以本質上統一且相互連結的方式在其中感知和關連人生。唯有在如此特殊的意識狀態中，如凱西所言：「兩個極端才能相遇。」

但所有這些談論極端的信息與夢境何干？簡單地說，當我們在日常生活中走向某個極端時，極端的作用有時候是重新創造均衡。心智重新平衡的功能是榮格經常指出的要點，尤其是在詮釋夢境時。凱西同樣提到了這個夢境詮釋的準則。人類的心智是憑藉補償法則（law of compensation）運作的。每當我們在醒時人生中走向某個極端時，無意識心智（夢的源頭）就會產生相反的極端，重新創造均衡。

因此，好的詮釋策略是要詢問，在某個特定的夢中，是否發生什麼極端的事，如果有的話，在清醒的意識中，相反的極端是什麼呢？下述實例出色地闡明了這個方法，在此例中，一名女子夢見縱情地大啖甜食，這是一種補償，彌補快速節食、完全不吃甜品的相反極端。對女子習慣於每天攝取一些糖的物質身體來說，以某種極端經驗到驟然的改變，所以身體製造出一個極端的夢。同樣要注意的是，凱西「多吃甜食」的建言非比尋常，那是一種呼籲，要練習節制並找到平衡。

問：一九二五年十一月二十五日星期三上午，在家。「我坐在餐桌旁吃東西，但不只是吃東西——我正忙著把東西塞進嘴裡。有巧克力蛋糕和椰子蛋糕以及各式各樣甜品和好吃的東西——我很愉快，東西全部吃光光。」

答：在此，用這個象徵的方式和手法向存在體呈現，在這個存在體的肉身存在中以某種方式運作的力道……因為如同所見，這個存在體體認到在這方面，與日常生活中實際發生的情況恰恰相反，明白嗎？然而，這個存在體明白，在如此束縛自我的過程中，這些有害的情況以某種方式，在身體上、心智上，確實為身體帶來那些導致有害的狀況。所以，要多吃甜食，明白嗎？不是過量，要保持適度，因為要讓一切事物被適度地、得體地、有秩序地完成……所以就吃吧。

136-20

另一個例子是凱西提供給一位紐約證券交易所經紀人的夢境詮釋。夢中，這個經紀人行為愚蠢、自作聰明，這補償了他在清醒生活中與同事打交道時所欠缺的幽默感。再次強調，這個夢是呼求平衡。

問：（我夢見）交易有麻煩。我似乎無意識且無意義地一直與麥克斯．本柏格和其他人樂過了頭。赫伯特．孫在懇求我，他感覺很糟，我也覺得難受。情況似乎是，我「有點」太過「自作聰明」。

答：在此，運用這個象徵手法，向存在體呈現一個可以被視為或當作真實情況另一面或相反的情況。雖然這個存在體的水平被認為高於交易大廳中男性的平均水平，但有時候，尤其是在與夢中所示那類性格的男性相處時，這個存在體的態度太過古板，或是有點過時。

137-76

詮釋策略3：恐懼誘發的夢

佛洛伊德指出，我們的無意識驅力可以如何製造夢境。艾德格．凱西則在夢的清單上新增了恐懼。有時候，當我們害怕某事可能會發生時，就會夢見那事。夢的意義並不是預測那事即將發生。反而是一份邀請，讓人更加覺察到恐懼的模式，同時體認到恐懼如何直接或間接地影響著我們。

在下述例子中，凱西詮釋丈夫和妻子擔心是否有孩子以及兩人婚姻的夢。第一個夢（妻子的夢）發生在妻子懷孕之前：她夢見得知自己無法懷孕。凱西的詮釋是，這個夢只是她懷有的表意識恐懼的產物。事實上，妻子後來的確生了一個兒子。

在第二個例子中，妻子現在懷孕了，丈夫夢見流產。凱西的詮釋是，丈夫對懷孕的恐懼招來了這個夢。

問3：夢見我永遠不會有孩子——永遠不會有孩子來到我身邊——我永遠生不出孩子。

答3：這又是一個透過存在體的力道被傳送過來的心智狀態，而且就只是呈現心智的狀態……因此，「母性」這門功課是必要的，要為這樣的狀態做準備，那是對造物主的最高階服事……這事會發生。孩子一定會誕生。不管怎樣，這些（準備工作）有必要被貫徹，那屬於……之類的相關定律……

136-16

問1：一九二六年九月二十日上午。看見了[136]號開始滴血或月經來——流產的第一個跡象，她意外又震嚇，我們兩人都很失望。

答1：關於全然澈底的理解，一直有好些恐懼、疑慮。所以，要將自我置於那個態度中，那是必要的，可以帶出那股以對的方式和手法建構一切創造能量的力道。這並不表示這事會發生，而是指出，存在體本身內在的恐懼擔心這事會發生，明白嗎？

900-269

在第三個例子中，同一對夫婦，妻子描述說：「夢見我老公……不再回家，我痛哭流涕。」（136-9）這是否預言這樁婚姻即將破裂，不然就是至少關係惡化？恰好相反：這個夢意謂著，婚姻愈來愈牢靠！兩人之間的愛日漸深化，妻子開始擔心（或許是無意識的）他們可能會勞燕分飛，更大的親密意謂著更容易分離，因此更容易孤寂。恐懼創造了那個夢。

如果妻子沒有請凱西詮釋這個夢，她可能會問自己，這個夢讓我經驗到我所恐懼的事情嗎？儘管有少量的自我分析，但她會認定情況就是這樣，於是她的下一步會是以信任和信心取代恐懼（透過靜心、禱告、諮商、與丈夫交談等等）。如果這個夢繼續出現，她可能會更合理地認為，夢是在警告婚姻中即將出現的麻煩。

詮釋策略4：通靈夢

凱西鼓勵我們在夢中尋找超感官知覺（extrasensory perception，或稱ESP）。有時候，預測性的夢前來警告我們；其他時候，那是心靈感應的夢，旨在為我們提供更多關於另一個人的資訊，尤其是我們在醒時的人生中所關心的人。根據凱西的心理學，這類警告司空見慣，要麼出現在夢中，要麼在清醒時直覺感知到。

仔細推敲這個生意人（其實就是上述策略3當中提到的丈夫）的兩個夢。他的第一個夢，如下所述，本質上是通靈的。夢中的關鍵人物是他母親，而凱西指出，這則參考是按照原義。夢中的關鍵影像是金錢，凱西再次提出，那也是按照原義。

這個生意人的第二個夢需要另一個角度，同樣敘述如下。在此，關鍵人物是母親，而且這則參考同樣是按照原義，但夢中的其他影像（例如，蛇）卻是隱喻性參照作夢者生活中的事物。換言之，夢的通靈特質雖然部分是按照原義（母親代表她自己），但也有部分是象徵性的（蛇代表意圖在他的醒時人生中利用這個生意人的人）。凱西的詮釋是，這個夢是一則通靈警訊，也是通靈建言：要聽從你母親的忠告，她會幫助你避開會利用你的那些人。

問：一九二七年一月二十九日星期六早上，或是一九二七年一月三十日星期日早上。夢見我給了母親一張五百美元的支票，支票的到期日是前一天，因此有些麻煩。

答：在此我們發現，這個存在體預先得到警告，可能與自己和母親之間有關的某些交易會有麻煩或出狀況——不然就是，如夢中所見，票據或支票有問題。

然後，這個存在體應該在腦海裡檢查一下這類文件，還要針對同一件事好好安一下母親的心，沒有任何跡象顯示，這個存在體不理會或任意放行，以及對同一件事不置一詞。

此外，這個存在體最好也接受這樣的情況和關連，尊重凡是與此相關的所有個人關係——因為，如同所見以及這類行為指出的，誤解升起，發生的情況帶來麻煩、憂心、驚駭、難過，以及既討厭又不協調或不一致的情況。

900-298

問：「星期六早上，在家裡的床上……在新澤西州迪爾（Deal），（妻子）、媽和我在樹林裡或田野間。（妻子）蹲在地上，突然一個老人喊她。我們全都朝著老人的方向看去，看見他齜牙咧嘴，笑指著一條醜陋的蛇，蛇頭高高仰起。媽、（妻子）和我開始狂奔，驚慌失措。我們跳到山的另一邊。我看見媽呈之字形前進，她建議我照做。我開始照做，同時轉頭也建議（妻子）照做。她在後面。似乎我們平安抵達目的地。」

答：又是同樣的指令，要聽從透過母親給出的忠告。正如蛇的象徵狀態所示，會傷人的人會以卑鄙的方法傷人，而母親的忠告帶來的機智顯示，潛意識的力道如何蒐集更高階的狀態，告知不論出現什麼狀況，都會有人保護。所以，這裡要給出的建言和忠告是：時機已到，應該是與母親針對即將出現的狀況好好密切商議的時候了。

900-81

詮釋策略5：身體夢

夢見身體（也就是，關於肉身體的夢）是凱西對夢的解析的一大貢獻。尤其，凱西證明了，我們該如何從自己的無意識接收關於健康問題的警訊和忠告。下述二則都是優秀的實例，第一則是警告如何避免染上風寒感冒，第二則是警告作夢者，在身體健康還不是那麼穩定時，不宜設法懷孕，否則就得冒著流產的風險（超疼的「腹部遭重擊」潛水就是象徵）。檔案紀錄顯示，這位女子事實上的確不久就懷孕了，接著幾個月後流產。

問：我在紐瓦克（Newark），就跟幾年前我們住在那裡時一樣，我搭著一輛電車，很接近克林頓大道（Clinton Avenue），而我的雨衣掉了，電車輾了過去。

答：在此我們發現，用象徵的手法談到個人的健康，所以，存在體應該是用這個方法作為警告，保持身體乾燥，保持雙腳乾燥，否則源頭相同的傷風感冒、充血，將會如夢中所見——存在體似乎掉了雨衣——證明是有害的，明白嗎？

137-24

問：十一月二十九日星期日上午。「我要游泳，從一座搖晃的平臺——結構非常不堅固——往下跳。當我跳進去或試圖潛入水中時，我的腹部遭到重擊——也就是說，我的腹部著地——

好痛。」

答：在此我們發現，有東西以象徵的手法和形式，透過存在於這個身體內的生理症狀被帶到表意識心智，那可以被當作這個存在體的功課，明白嗎？因為軀幹最內部的疼痛引發所呈現的象徵狀態，進入水中，想游泳、潛水的渴望，進入那些關於母親身分的狀態——而身體發現，自我秉持為那做好準備的態度，身體目前為自我保有的生理狀態或結構，還沒有準備好在這時候帶來更好的狀態，以因應那份職務所需，明白嗎？由於這事很快就會發生，身體應該要仰仗自我且在自我之內好好認知，同時更加確定那個位置，因為這份最偉大的職務只提供給女性。

136-21

總結

凱西的靈性心理學

凱西許多最精要的教導，來自於他作為靈性諮商師和顧問的角色。雖然稱他為心理學家似乎是誤導，因為他缺乏任何專業訓練文憑，然而他的解讀資料卻從頭到尾交織著人類心智與人格的精密模型。與某些承諾快速修正的人氣自助心理學不同，凱西針對靈魂和靈的方法，強力要求每一個個人為自己的人生負責。我們發現，往往置身的環境是我們自己打造的，有時候甚至延伸回溯到前世。

凱西的基本前提是，每一個人都有兩面：人格（熟悉的身分，意識到自己是誰）和個體性（真實的自我，靈魂）。健康的生活需要學會鍛鍊更深入地與我們的個體性連結，而且這個過程開始於關注我們的目的、意圖和理想。兩項修練支持凱西的工作：一是靜心冥想，根據凱西的說法，這個過程使禱告更完美，是一種善於接受的活動，實際上是「聆聽內在的神性」；二是透過夢的詮釋進行自我分析，強調每一個人都是自我夢境的最佳詮釋者。凱西以靈視洞悉的夢境詮釋示範了具體的技巧，讓每一個人都可以學習詮釋夢境，俾使更加了解自己以及我們該如何引導自己靈魂的進展。

第三章

健康的生活

健康是個廣泛的主題，談論的不僅僅只是健康的身體。凱西的整體哲學始終強調全面的健康——我們的身體、心智、靈魂、與他人關係的安樂幸福。

在這一章中，我們探討完整、健康生活的基本準則；療癒和特定療法的相關課題，將在第四章〈整體療法〉中討論。在此，我們從健康的生活型態的基礎開始，在這方面，第一篇解讀提出了簡潔、強大的平衡生活路線圖，分成不同的步驟概述，其中大部分本質上與態度有關。藉由在人生中建立正確的心智導向，我們在自己的每一個經驗層次搭建健康表達的舞臺。

接下來，我們檢視該如何保持身體健康。凱西對健康生活的談話提供了廣泛的建議，事實上，他對保持健康的貢獻，最終可能比他的非正統自然療法更為重要。雖然我們大家幾乎都可以從保持健康的相關實質建言中獲益，但多數人可能會發現，凱西對特定疾病的解讀儘管有趣但卻與己無關。第二篇最初提供給他的兒子休・林談論「健身」的解讀，則是非常切身相關，而且內容包含適合我們每一個人的精闢建言。

最後，如果沒有處理情愛關係，我們就無法充分了解凱西健康生活的基本準則。健康的身體、心智、靈魂，促使我們更能夠在自己的友誼、家庭和工作關係中表達愛和創意。第三篇解讀專門探討促成健康婚姻的要素。雖然在這篇談話給出後的幾十年間，時代已大幅變遷，但那番建言在今天還是很有價值的。

生活的模式

健康的生活不是隨意的祝福，而是仰仗某些宇宙準則生活的結果。第一篇解讀，1747-5號，接收對象是第二次世界大戰期間一名三十七歲的工廠工人，篇中優美地描述了可以幫助任何人面對人生挑戰的生活模式。當存在著分歧、失望，或是遭逢疾病，真正的挑戰在於我們如何回應。如果我們以對的方式迎接這些不可避免的挑戰，健康的人生就是可能的；否則，我們會陷入疾病和不適。這篇解讀概述了那種促進靈魂健康和成長的回應，而且最終那類回應孕育出問題的正式決議。

凱西的開場陳述定下了基調。個人的信念和態度是健康生活的起點，貿然聚焦在任何的問題

（也就是說，沒有精確地理解整個大局）會適得其反。要達致如此堅實的靈性基礎，好些分類整理是需要的，你必須能夠且願意預測各式各樣的假設和信念可能導致什麼結果。誠如凱西在此指出的，一個人必須「在自我裡面斷定或選擇可以被信守的」。一個人必須做出關於核心價值和信念的決定。

很容易想像凱西為任何一個人給出這篇解讀。他的話提出一條路，讓人了解整個大局，明白我們在地球上生生世世的靈性背景。然後，他更具體地詳述迎接任何挑戰的最佳方法。這套方法有五個基本要素：

設定理想：非常仔細地挑選價值觀、優先事項和動機，根據你的願望繪製你的人生路。凱西建議從某個靈性理想開始——也就是，一個成為你人生中主要動力的核心價值；包括愛、喜悅的創意、與神合一。然後，為了使那個理想更可觸及，要設定好些心智上和身體上的理想——你可以用某種具體的方法讓自己全心投入、力拚一場的東西。心智上的理想是指最佳的態度和情緒，有助於表達你的靈性理想——例如樂觀或寬恕。身體上的理想是指顯化你的靈性理想的行動——譬如每天二十分鐘靜心，或是記得要時常微笑（關於理想的更多信息，請見引言中「凱西十二點」的第七點）。

應用你所相信的：根據自己的價值觀行事。儘管堅實的心智和靈性基礎是這個模式的依據，但這是不夠的。如果你完全待在心智的界域，某個已知的困難是不可能被解決的。誠然，心智是煽動改變的創造力，但除非你根據需要執行的行動，否則怎麼可能有什麼被治癒呢？誠如凱西在此所言：「……守著問題絲毫改變不了問題——促成改變的是一個人對問題的相關做法！」此外，原罪（sin）的真正定義指向欠缺行動。這個難以理解、具爭議性的詞彙，因為凱西而有了新的轉折：歸根結柢，靈性進度的評估，完全仰賴我們可以根據自己的知曉行動到什麼程度。

耐心是關鍵：耐心不只是凱西對生命的形上描述的基石，也是我們每一個人內在需要被開發的基本特徵。在凱西有秩序的宇宙架構裡，人類生活在三維的意識狀態中：「時間」和「空間」是其中兩個維度，搭配「耐心」，使我們能夠有效地滿足時間和空間所強加的要求、弔詭和局限。

訣竅在於，理解作為生活的一個維度的耐心，真正意謂著什麼。我們帶著自己的先入之見和誤會誤解面對「耐心」這個詞，但誠如這篇解讀告誡的：「耐心，在此可能是答案——只要有正確的概念，可以適當詮釋耐心是什麼。」

對凱西來說，耐心大幅超過忍受延遲或容忍可憎的行為。相反的，它是清楚地看見，體認到貫穿物質實相的靈性實相。耐心使我們能夠理解時間和空間表象背後的「目的性」。但當被誤導的人們帶著唯物的觀點試圖影響我們時，他們使我們遠離這個目的性——他們創造了「分裂靈魂與耐心的深坑」。

承擔彼此各自的責任：一個滿足任何問題的健康回應，具有某個社會維度。這裡的關鍵是彼此個別的責任，而不是為對方負責。沒有人可以改變任何人；沒有靈魂可以為另一個靈魂的錯誤受責難。然而，我們每一個人對其他人都有明確的責任：要在每一個人身上看見我們崇敬造物主的特質。除非我們那樣努力，「才會開始擁有適當的普世意識概念。」

此外，這個社會維度還有另一個特點。因為我們是周遭人的範例，人們注意到我們的言行，尤其是我們對問題的反應。人類的模仿傾向在此可以發揮很大的優勢，因為我們有力量以自身為楷模，激勵和提升他人。「因此要活著，讓你的朋友、你的敵人、你的鄰居，也可以——透過仿效你而促成他自己的表達模式——找到那條路。」

期待一個有所回應的神：凱西提醒我們「創世以來較大的應許」。神聽到我們在時局艱困時求助，且回應立即到來——我們應該期待回應且仰賴回應。

最後，凱西給予這位工廠工人的建言再次向她保證，以健康的方式生活所帶來的好處。根據這五點生活，尤其當生活困頓時，可以在我們之內喚醒「每一個靈魂尋求的那份平安，也帶來同樣的療癒。」在這篇解讀給出後幾十年，我們的現代世界有其自身的壓力和動盪，但這套生活模式——這幅路線圖——卻使我們有能力找到追求的健康。

解讀

這篇通靈解讀1747-5號，

由艾德格．凱西於一九四二年六月二十日給出。

引導人是葛楚．凱西。

葛楚：存在體［1747］號將會出現在你面前……俄亥俄州，她尋求一篇心智和靈性解讀，以及資訊、建言和引導，為她清除場域，找回自己對許多事情的立場。你將提供這個存在體在這個時候所需要的，同時回答可能被問到的任何問題：

凱西：是的，我們掌握到這個身體，這個愛追根究柢的心智，［1747］號。

在為這個存在體提供目前擾亂身體的問題的心智和靈性詮釋時，應該要觸及許多被當作信條或信念持守的層面。首先，我們要提供給這個存在體的是依據，讓這個存在體可以著手研究曾經是且目前屬於當下經驗的各種現象。

而且從這些可以斷定，那不只是空想，也可以是實際、理想的手法，方便應用在與不同發展層級的個人建立實質的關係——應用在那些應該秉持的心態，包括研究這個存在體時，以及為經驗中出現那些問題和紊亂的個人詮釋時。

此外，可以好好理解，這個存在體在自我裡面決定或選擇什麼樣的靈性和理想方法，亦即在這個存在體的經驗中，哪些可以被信守、質疑，哪些可以被丟棄。

首先——身體意識到有一個肉身體、一個心智體，以及希望或渴求並知曉有一個靈性體。這些是同一個——正如這個存在體在物質層面中或是地球意識中發現的，那具有三維的性質。此外，在分析心智以及靈性理解的各種研究和方法時，這個存在體發現，人的關係或人的領會有三個層面。因此，在地球上，以理而言，只有三維姿態。然而，這個存在體以及其他存在體的經驗不僅止於三維的概念。

在「神格」之中，仍然發現三維的概念——神是聖父，神是聖子，神是聖靈。

因此——如果曾經是、現在是、可以是的概念，對這個存在體來說是可以接受的——這些仍舊建立在「主，你的神，就是太一」的總結歸納中。

此外，詮釋宇宙時，我們發現，時間和空間是心智頭腦的概念，以便詮釋或研究與人類以及相對於宇宙或神識的關係。

所以，人類的經驗中必須有另外一個層面，讓人類在研究物質界的心智、靈性和物質關係時，同樣可以完備這個三位一體。

耐心，在此，可能是答案——只要有正確的概念，可以在這個存在體的經驗中適當詮釋耐心是什麼。

因此，這些被選中，它們是理性、期待、應用的依據，將被用來處理存在體在這個物質關係中的一切經驗層面。

所以，據了解——父神如同身體或是整體，心智如同基督也就是道路，聖靈如同靈魂，或是——以物質詮釋——目的、希望、欲求。

所以，上述每一個層面都有角色要扮演，對個人都有某些影響力，可以左右個人與問題、個人、希望和恐懼的關係。因為，每一個在存在體的活動中都有其表達的層面。

因此，我們發現，這些不只是理想，也是正在運作、實際的日常經驗。

所以，當這個個別存在體遇見不同的問題時——由於如此分析問題——在自我裡面便存在著質疑，質疑那是否純粹是心智的，純粹是物質身體在尋求表達，或是身體恐懼、身體誘惑、身體的榮耀、單純的身體的滿足在欲求，或是質疑問題是否純粹是心智的。心智是建造者，因為守著問題絲毫改變不了問題——促成改變的是一個人對問題的相關做法！

所以，知道要行善而不去行善是罪，知道真相而不表達是在自我之內吹毛求疵。要知道，直到個別的存在體——在時間或空間中，或是在個人的交往或友誼中——在每一個其他存在體身上看見他所崇敬的造物主，他才會開始擁有適當的普世意識概念。

事實上，一個具有身體意識的個體，無論他在物質面的狀態或情況，都表示覺察到神關照著那個靈魂，給予它一個在物質面表達的機會。

而你是你的弟兄的守護者。並不是說你應該用自己的想法強制或迫使另一個存在體，那不該多過神對你的驅使。因為，神賦予你自由意志，那是與生俱來的權利；那如同心智，促成那些改變。因此，你可以像祂一樣盡情表達，祂來到人世間，讓我們透過祂可以得永生。

所以，你的態度是什麼呢？

要活著，讓你的朋友、你的敵人、你的鄰居，也可以——透過仿效你而促成他自己的表達模式——找到那條路。達到顯化在祂之內的那份慈悲，祂說過：「我站在門外叩門——你邀請，我就進入——你拒絕，我就離開——我不怨不恨。」

然後這需要在時間和空間中表達祂說過的那份耐心：「變得有耐心，才會覺察到你的靈魂。」

所以，這是你應該採取的態度。按照你被要求的詮釋那些問題；不多，不少。但永遠要準備好，和祂一樣，當被要求時，當被尋找時，要進入，要幫助，要付出。因為，祂曾說過，那是創世以來較大的應許，「如果你呼求，我一定會聽見，且立即答覆——雖然你離得很遠，但我一定會聽見——我一定會答覆。」

那是自我對那些有所爭議、氣餒、失望的問題，所應秉特的態度。是的，這些時常出現在大家的經驗中。但想想，孩子啊，當祂給了你機會，且對所有那些將會聽見祂的聲音的人呼籲「主的日子即將到來」時，你必定時常令你的造物主失望。

就這樣，你披上神的整副盔甲、正義的胸鎧，配上真理的靈（spirit of truth）的劍。要知道，你已經相信了祂，以及相信你所相信的。每天以這樣的方式生活，以此向你遇見的每一個人表明，你對促使你用這個或那個方式行事的信心有答案。

不要因為這條路有時看似艱難而氣餒，要知道祂聽見你了，因為祂說過：「如果你遵守我的律法——」而祂的律法是什麼呢？就是：要愛上主，要戒絕邪惡——那是人所當盡的本分——要愛鄰如愛己。

這將每一個靈魂尋求的那份平安帶進意識中，也帶來同樣的療癒——不僅治癒身體，也治癒心智，而且保持與真理的靈合拍合調。

此外要知道，祂的靈——神的靈，天父在基督裡，透過聖靈——與你的靈一同見證。雖然某些時期到來，有各種來源的誘惑，但不要聽取否認祂曾經以肉身降臨的人。要聆聽表明十字架才是道路的人。絕不要聽從否認十字架或死亡的苦酒的人。

這些是管道，這些是盲人領導盲人的方式，兩者均落入分裂靈魂與耐心的深坑，而耐心是亞伯拉罕的寬大胸襟。「憑藉信靠，你被治癒了，不是靠你自己——那是神的恩賜。」

要讓愛傳開，在你的心智中，在你的理解裡。因為上主眷顧你、愛你，而且已為你指路。要聽從祂的聲音：「不要害怕——對你和你的心說話的就是我。」

愛上主。愛祂的道。要有耐心，要能諒解，然後祂將用你與祂同行和交談的意識指引你。

準備回答提問。

要讓你的禱告時常是：

主啊，我是你的。在祢認為恰當時使用我——我可以是更大的祝福管道，通達祢願透過我的努力讓對方理解祢的那些人。我只以基督之名尋求。

解讀完畢。

身體健康

這篇解讀341-31號，是凱西的最佳解讀之一，點出了健康的普世準則，其中「平衡」是關鍵。雖然平衡的概念聽起來很簡單，但你需要下工夫，才能在生活中保持平衡，不至於哪一部分偷工減料。膚淺地了解平衡可能會誘使你將生活整齊地劃分成一段段時間，好讓自己能夠一一關注入生的各個面向。但這篇解讀比那樣的做法更加深入，而且顯示出身體、心智、靈性如何相互關連，這三者之間的相互依存是凱西信息的精髓。

事實上，解讀341-31號似乎強調的不是劃分，而是發現人生的許多面向如何相互結合。譬如，深思一下在解讀中發現的這則告誡：「要知道如何將形上操作的規則應用到玉米芯。」其實只有一個宇宙，換言之，形上界域不是與物質界域分離的。在一個維度起作用的東西也可以在其他維度起作用，支配心智的規則在身體上和靈性上都有對應物。在宏大規模上運作的東西應該同樣在較小的規模上運作。誠如凱西在這篇解讀中所言：「……每一個細胞……每一顆血球，本身就是一個完整的宇宙。」細想一下，人體解剖學可以象徵性地描繪心理的真相：血液每一次流過心臟，會流經肝臟兩次，正如我們應該「三思而後言」。

所以，真正的平衡要求對「相互關係」敏感，而不是一張核對清單，盡可能將所有好的行為塞進一天裡。不幸的是，核對清單正是好些人試圖達成的健康；然而，儘管努力不懈，卻往往暗中破壞自己身體的安康。

食物在被食用然後被消化後會發生什麼事，這是凱西健康哲學的絕佳例證。除了消化器官，生理狀態扮演重要的角色，他的兒子休．林（這篇解讀的接收者）被告知，要確保他的物質身體和他的心智都得到充分的鍛鍊，如此，即使是「累了」，他的整體存在才會對他的飲食做出適當的回應。

後來，凱西鼓勵休．林邊進食邊嘗試觀想練習——「你進食，看食物做著你要它做的事」

——這是清楚說明身心互動的實例。事實上，這個簡單的練習是最佳方式之一，證實凱西運用心智強化肉身體的方法。

不過，更引人注目的是凱西提到安慰劑效應：「給某人一劑清水，讓對方覺得作用就跟鹽一樣。」這個心智對肉身體的期待所造成的影響，生動地證明了身心連結。在指出安慰劑現象其實意義重大方面，凱西是走在時代尖端的。

同樣在這篇解讀中，凱西提到《聖經》中的但以理（Daniel），解釋了食物如何刺激意識的狀態。藉由自我觀察，我們可能已經見到這層身心關係的種種線索。這是一個研究時機已成熟的領域，關於營養和精神疾病的初步調查結果顯示，某些食物，例如糖和白麵粉，可能會使精神疾病惡化。

靈性成分也使得341-31號解讀變得很特殊。雖然如今許多醫學研究人員都體認到身體和心智之間的連結，但靈性需求也一定要被包含在內。我們必須有一個人生目的，而且達成那個目的意謂著讚賞我們的身體，視之為神的恩賜，視之為我們可以服務神的計畫的載具。將靈性融入平衡的生活型態，也意謂著尋找活在我們之間的「靈」，期望在物質世界中見到神，「在風中、太陽裡、地球上、花朵內、地球的居民身上。」

當然，凱西的準則走在當今健康哲學的尖端。儘管新的發展可能振奮人心，但凱西卻召喚我們看見更大的願景。

解讀

這篇通靈解讀341-31號，
由艾德格．凱西於一九三一年三月十日給出。
引導人是葛楚．凱西。

（前幾段是具體的身體建言，不是通用指南，故在此省略。）

凱西：……這樣執行，這樣安排身體的活動，使身體的心智和生理屬性變得更加平衡，這對身體是好的。常在戶外鍛鍊——發揮身體的肌力。並不是說心智應該要麻木不仁，或是應該要被切斷，禁止操作或活動，而是要在生理上和心智上促成身體更加均勻，更加完美平衡。要知道如何將形上操作的規則應用到玉米芯，或是應用到防護欄杆，或是應用到鐵鎚、斧頭、手杖，以及這個、那個或其他心智的理論，要知道十個病例中有九個，被視為變成了心智上缺乏生理能量的倉庫！現在懂得其中的差異吧！這不是心智失衡，而是心智體可能使用過度，導致生理能量在物質身體中變成有害的力道；因為每一股能量都必須消耗在某個方向，就連成形的意念也會化為心象。力道正在逐步壯大的那個心象，與物質身體的能量合作嗎？還是它們破壞了肉身體中的某股原動力，不允許力的活動有宣洩的出口？

所以，要當個面面俱到的身體。早晚做些具體、明確的運動。讓身體在生理上以及心智上疲累，於是那些一直製造嗜睡、惰性、毒物在系統中無法排除等症狀的東西，將會消失，如此，身體才會對飲食做出回應。

現在，談到飲食——有個活動是必要的，是否會有一種心智飲食——或者會有一種飲食適合面面俱到的身體，使生理發揮效用、心智發揮效用、靈性發揮效用。但是這個存在體的身體內缺乏維生素B和C。維生素C是心智能量的一個耐力源，被夾帶在神經能量和神經叢內的白色組織中。維生素B跟鈣、矽、鐵一樣。這些要均衡，攜帶這些成分的那些食物營養價值才會被吸收，除非身體的生理活動有辦法促使這些進入活動，否則它們會變成浮渣，自行起作用，不管其他狀態（此例很特別，反倒是極力配合環境或狀態）。身體內的維生素是與活體生物的各種活動同樣好鬥的元素，或是與其分庭抗禮的元素，因此可以說是——且理所當然地被說是——如同那些在人類或物質有機體裡面的任何一種芽孢桿菌（bacillus），那是我們在這個身體內所要談論或處理的。

現在，當這些被帶入系統時，如果它們的運作不是因為系統——身體或心智——的活動，就會變成破壞性組織，因為它們影響血液供應的血漿，或是排泄器官和淋巴，後者是另一個名稱，代表系統中一部分的血流供應。

談到飲食，要確保這些活動在身體上、心智上是協調的；而且不要斷續性地做這些事，而是要始終如一——因為對肉身體、心智體、靈性體來說，這就像是「在恩典中、在知曉中、在理解中成長」。

你進食，看見食物做著你要它做的事。現在常有人認為，為什麼那些蔬菜、礦物質或組合，在不同的情況下會產生不同的效果呢？那是個別身體的意識啊！給某人一杯清水，讓對方覺得作用就跟鹽一樣——如此作用的頻率有多高呢？

就跟整個有機體給人的印象一樣，因為血流的每一個細胞、每一顆血球，本身就是一個完整的宇宙。不要吃得跟金絲雀一樣，然後期待像哺乳動物一樣辛苦幹活。不要吃得像劈柴人，然後期待能從事讀人心思或大學教授的工作，而是要與造就的那些東西保持一致——宇宙的建造亦復如是。某一個的一層層仰賴另一個的活動。某人讓心智那個真正的存在，填滿對神的期待，就會看見祂的動靜、祂的顯化，在風中、太陽裡、地球上、花朵內、地球的居民身上；身體內部也是這樣建立起來的，要滿足的只是食慾嗎？或者，那是要落實一份身體、心智、靈魂已經選擇支持且將會善加營造、好好放大的職務？何況，是什麼、在哪裡或何時達成，並不是那麼重要，重要的反倒是，知道那是與「渴望透過那個身體達成的目標」一致！

古人說過，當以色列的後裔與異教徒的子孫並列，全都食當時國王（譯註：指巴比倫王尼布甲尼撒二世）的俸祿時，以色列人被剝奪了，只剩下用生理的欲望操練身體的想像力——如同烈酒、難消化的肉、放大體內欲望的佐料——但以理非常清楚這樣的建構不是為了服事神——但他寧可選擇平日可以得到的常見事物，如此，那些身體、那些心智，才可以成為比較完美的管道，方便彰顯神；因為造物主的原力就蘊含在彰顯於地球上的每一股力道中。

就連古代的先知，也鮮少能夠在戰鬥中、在流血時、在雷聲裡、在閃電中、在地震時、在自然界的種種騷動裡看見神——但每一個人都可以在內在靜止的細小聲音中經驗到祂！你也要這樣做，何況身體是永生神（living God）的廟宇，對祂獻上同樣神聖且可以接受的服事是合理的。

飲食過度就跟飲酒過度一樣，是大罪；思慮過甚、行動過火也同樣是大罪！你在其中建造，行事作為如同祂。要讓你的身體、你的心智，為出現在人生中的每一個場合做好準備。好好思索神開示過的：「為什麼我們不能趕他出去呢？這樣的事唯有——唯有——透過齋戒和禱告完成。」當你禱告時，進入你的祈禱室——也就是，自我裡面——不是讓自己與世隔絕，而是將自我關在神的面前，祕密祈禱，而獎勵將公開可見；因為，誠如所言：「沒有人點亮蠟燭放在容器下，而是設置——設置——在某座山丘上，好為一切帶來生命、光明。」

所以，在引導你自己的人生時，要做出必要的生理修正，是的，也要打造你的心智和你的身體、你進進出出的東西、你日復一日的活動，要與典範的人生、漂亮的身體、開放的頭腦、充滿愛的靈一致，然後獎勵也將是這些！

肝臟不好鮮少可以顯示出來乃至在心中感覺到，因為血液流經肝臟兩次，才流經心臟一次。肝臟是血液進出心臟和肺臟的交換所。所以，在為人處世的過程中，在研究時，要二思而後言——因為只有一個舌頭，但有兩隻眼睛。只有一顆心臟，但肝臟有七葉；然後以你的雙手——要運用你所擁有的，你的目光將會只專注於服事，你的舌頭將會在對的方向暢所欲言。

婚姻工作坊

凱西針對婚姻的最佳解讀，其中一篇是提供給一位即將結婚的年輕女子。可能很容易低估這篇解讀中的建言，單純是因為談話針對的男女還要幾年（如果不是幾十年）才可能進入真正深刻而成熟的情愛關係。然而這兩人青澀愛情的新鮮純真，卻也讓凱西這樣的有識之士能夠後退一步，將婚姻的潛力看作一個理想。大部分來找凱西諮詢的伴侶，都已經因婚姻衝突而傷痕累累。

在解讀480-20號的過程中，凱西強調何以婚姻伴侶是互補的；舉例來說，一方的弱點可能被另一方的優勢給平衡了。這名女子被凱西描述成具有強大的領導天分，言外之意是，她丈夫在這方面很弱。從某個觀點看，如此為另一半填補缺口的類型可以相處融洽；但也可能在婚姻中引發挑戰，必須有創意地好好應對，而且要帶著相當的自我覺知，否則這樣的強弱配對可能會暗中破壞兩人的關係。因此，雖然凱西警告這名女子，不要讓她身為領導者的先天優勢，遮蔽乃至淹沒丈夫培養自身領導特質所做的努力，凱西也警告她，不要放棄自己的能力，不要讓自己屈從於丈夫。儘管需要微妙的平衡，伴侶雙方和親密關係才能盛開綻放，但耦合（coupling）心理有時會導致如此弔詭、不均勻的配對（譯註：就實用心理學的角度而言，耦合效應意指，人際交往中兩個圓形很難在行為上產生聯動效應，假使一凹、一凸，則很容易接合在一起）。

舉個例子，伴侶一方可能擅長某事，因此很容易讓另一方覺得，他或她永遠不可能擅長此事，所以「何苦傷神？」可能是財務規劃，或是社交能力，或是嬉戲遊樂。但當伴侶一方淪落到獨力承擔彼此雙方的責任，結果可能是彼此雙方仇恨不斷。

身為婚姻諮商師，凱西提到了健康的夫妻動力的另一個關鍵課題：情愛關係尤其經不起已被感知到的疏忽。最深愛的人通常可能是傷我們最深的人，特別是如果我們感覺到不被對方欣賞或是在對方面前站不住腳。這類疏忽往往不是故意的，卻可能如凱西所言，成為婚姻的主要「絆腳石」。開放、誠實的溝通是在此的關鍵。

凱西還強調，對另一半的活動感興趣很重要，「彷彿那些是你自己不可或缺的一部分。」但再次強調，微妙的平衡是需要的，因為每一個伴侶都需要自主意識。假使伴侶雙方一起做每一件事，少有婚姻能夠成長茁壯；個體性需要有空間。這裡的關鍵是看重另一半的利益，而那種支持才能對建立健康的婚姻大有幫助。

解讀到一半時，凱西鎖定兩個因素，那可以決定婚姻是否健康——「人生中有實效、有助益的經驗」，誠如凱西所言。首先，親密關係中需要有某個神聖的元素。神聖是一個強而有力的詞，言外之意是喚起靈性的力道；但實際上那正是我們做的事。其次，我們需要避開「自我放縱」（self-indulgence）；換句話說，我們需要避開「任性」，那是需要得到想要的東西，卻不考慮對方想要什麼。這樣的任性、自我放縱，可以破壞婚姻中的任何神聖性。

這篇解讀中也有大量關於家的細節。事實上，我們可以說，凱西非常相信創造一個有愛的家，就像他非常相信創造一段有愛的關係一樣。在這個破碎家庭充斥以及傳媒標榜修復關係的最新療法的時代，如此強調，對今天的我們來說可能聽起來有點過時。但對凱西而言，家是一件大事，或許值得我們仔細檢查，好好深思如何治癒這個我們活在其中的混亂社會。家庭不僅是夫妻的避風港，也是其他人可以經驗到夫妻產生的愛的振動的地方，它是家人、朋友乃至陌生人的避風港，它是一座「美的花園」，護佑許多人。

最後一丁點建言出現在解讀結尾的問答交換之前，它巧妙地總結出凱西關於如何創造健康婚姻的哲理：要快樂。婚姻中一定會有問題，這很自然，但絕不要忘記活得喜悅的力量。當問題出現時，請轉向內在，而且單是基於這個原因，伴侶雙方都需要活躍的內在生活。藉由與自己內在的「靈」建立明確、牢固的連結，我們才能夠與另一半享有明確、牢固的連線。

解讀

這篇通靈解讀480-20號，

由艾德格・凱西於一九三五年七月二十二日給出。

引導人是葛楚・凱西。

葛楚：存在體［480］號。考量她過去和眼前的發展，加上今生的機會，你將建議她如何調整，才能適應眼前的新生活。你將會透過這些來源，針對她即將到來的婚姻以及她在人生解讀中得到的信息，回答可能被問到的問題。

凱西：是的，我們掌握到目前名為或叫做［480］號的存在體，以及曾經透過這些管道給出的信息，包括生理的、心智的，以及在靈性或靈魂發展歷程中有必要改變的屬性。

所以，在接近目前於這個存在體的心智中明顯突出的那些變化時，所有這些狀況不妨列入考量；記得就像這樣：

可以給出的只有忠告，只有那些被當作理想而不是空想的狀態，那些狀態是無可避免的影響，非得讓存在體選擇在經驗中好好落實這一切。

因為當眼前的道路被挑選出來，你們每一個人就可以在新的聯繫和關連中找到能力，打造最佳狀態、周遭事物、經驗體會，那會將最有助於每一個人靈魂和心智發展的事物，帶進每一個人的經驗中；只要在那些方向做出調整，同時想著，有必要在每一個人的經驗中造就這些。

之前說過，這些將會發現，他們在許多方面是彼此互補的。

存在體［480］號的天性是要成為領袖，那股推動的影響力。所以，不要用任何方式或手法，讓這點遮蔽了配偶的能力或活動。從心智面或物質面看，這並不代表要變得屈從於丈夫的想法；而是讓每一個人付出和接受，明白這是機會各半，讓各自提供內在最好的。

當這些必要的東西需要等待甚至耐心，因為當時一方或另一方可能看似忽略那些東西，在這樣的時候，不要抱怨責罵，或是讓那些東西成為絆腳石；而是要始終一起好好推斷。

遇到那些社交生活的事物，要體諒另一半。明白彼此都有必要對對方的活動感興趣，彷彿那些是你自己不可或缺的一部分。不是用強求的態度，而是你們各有自己的生活，各有自己的興趣，各有自己的責任；而且各自在每一次關聯時，都提供那些必要的影響或力道，以便在每一個社交經驗階段可能出現的這類社交活動中，促成和諧、合作的活動。

讓各自好好安排時間，各自好好從事身體的、心智的、社交活動、必要活動的消遣，配合彼此各種關係的需求。要在這類事情上與對方合作。

在社交經驗中，一定要有時間恢復必須要的體力，那些可以新增成為娛樂中的元素，必須要有體力，才能在人類經驗的各個層面增強能力的效應，那與協調彼此的生活是相互關連的。

婚姻關係，如同我們已經指出的，將會成為這個存在體的人生中，有實效、有助益的經驗；在其配偶的人生中也是一樣，只要在這類關係中達成活動的協調，讓彼此在觀念中、想法裡認為這些是神聖的，彼此的活動不是基於自我放縱，而是成為必要的結合，聯結各自人生經驗中的創造力和影響力，以此為各自的經驗帶來重大的影響。

在建立家的過程中，要把家打造成可以成為「天堂般的家」（heavenly home）的模式。那不只是騰出來供睡覺或休息的地方，更不只是只有自己而是所有進到那裡的人都可以感覺到、經驗到的地方，藉由各自在「家」的神聖性中建立起來的特有振動，家中氣氛就會瀰漫著樂於助人、充滿希望。

家不只是休息的地方，不只是頭腦消遣的地方，不只是身體和心智兩者、更是每一位可能的訪客或賓客的避風港。要記住那些吩咐，那些曾經出現在你的許多次暫留經驗中，而且你要用心娛樂賓客；因為有些人曾經招待過天使卻不自知。要把你的家、你的居所變成天使渴望造訪的地方，天使會試圖成為賓客的地方。因為那將會帶來更大的祝福、更大的榮耀、更大的知足、更大的滿意；讓調整你自己和你們彼此的關係所帶來的美好和諧，促使同樣的一切永遠和諧。不要一開始就說：「我們明天會做——我們下週會開始——我們明年會完成這樣的事。」要讓你們日復一日在親密關係中播下的，就是真理的、希望的種子，當這些在你們的關係中盛開綻放，當即將到來的日子、月分、年分流逝，這些一定會長成那座美的花園——那確實為這個家打造的。

在每一份關聯中，無論是你們彼此的關係，或是與自己朋友的關係，或是與加入的陌生人的關係，都要讓你們的活動愈來愈是由充滿希望、樂於助人的精神所指引，讓彼此保有這樣的態度。然後當這些成長到人生的收割期時，上主可能會挹注。

假使你們所建造的使仇恨、羨慕、惡意、嫉妒結出同樣的果實，這些可能只會帶來糾紛、爭鬥和艱辛。但如果真理和生命的種子被播下，那麼結果——當生命一起繼續前進時——必是和諧。而祂——天父，因為是你一切的嚮導，一定會護佑你，正如祂一開始應許過的那樣。因為在你們的身體的果實中，許多人可以得到護佑，如果你們願意專心尋求，透過結合你們的目的、你們的欲求，以及因此導入的靈性事物，那樣的結果就可以實現。

人生並不是要拉長臉生活，沒有喜悅進來！相反的，你是要喜樂的，在你的生活中、你的相關一切、你的活動中，永遠如此。因為喜樂和幸福帶來喜樂和幸福；除非所輸入的是出於自私自利。

當疑慮和恐懼及麻煩出現時（它們必定會出現，它們將會出現在每一個人的經驗中），你們寧可在恩典和慈悲的寶座前相聚，那是在上主面前靜心可以發現的。將你的麻煩交付給祂，而不是交給你的人類同胞！因為當「人」可能不仁慈、嫉妒、鐵石心腸、呆板、堅決時，「祂」是慈悲的。但要讓你的肯定是在上主之內的肯定；讓你的否定是在上主之內的否定。於是在以這些方式和手法調整自己的過程中，你可以將天父在人間的更大榮耀帶到自己的經驗中。

準備回答提問。

問：我在哪一個前世認識［633］號的？

答：這些將會以適當的順序給出。

問：在這一生中，我們最大的共同目的是什麼？

答：和諧！

問：我該如何在婚姻中表達並活出那些最高階的理想？

答：這些已經說過了。

問：我的人生解讀［480-1］號提到，我可以透過音樂或戲劇在今生的經驗中達到最佳狀態，我該如何與婚姻協調這些，在兩方面均表現出最高階的成就？

答：在家裡是什麼音樂呢？之前說過，家是天家的象徵。而當這些被打造成可以出現在這些關聯中的和諧經驗時，它們確實可以將各個領域的音樂帶入活動中，成為與對方合而為一的，然後那些必須用人類在地球上的最高階成就——家——好好聯繫！

現在解讀完畢。

總結

凱西健康生活的方法

儘管凱西許多關於物質身體的最精彩解讀都涉及重病治療，但他最大的貢獻可能一直是在於幫助人們保持健康。維護健康需要謹慎、前後一致地應用某些基本準則，包括：平衡的需求，以及覺察到在形塑物質身體的症狀時，我們的態度和情緒所具有的創造力量。但健康的生活也意謂著與其他人建立正向、支持、充滿愛的關係。而這類關係的關鍵是：先與自己內在的靈性力道建立牢固的關係。

第四章

整體療法

雖然凱西因為某些治療各種疾病的非正統療法而聞名，但我們無法理解他以食譜方式進行的整體療法。那不僅因為人與人之間存在的個別差異；而且亟需理解治療患者的態度、動機和情緒。

為了理解凱西的整體療法，且讓我們檢視一下凱西關於療癒以及身、心、靈整合的基本準則。當我們理解那些準則時，他的治療建議才更有可能發生效用。本章第一篇解讀1120-2號非常典型，代表凱西開示過的幾千篇解讀闡述了身體各個系統如何協調，以及彼此如何更密切地相互校準。

第二篇解讀1189-2號，著眼於身心疾病與健康——也就是身、心、靈的相互作用，以此創造我們的生理狀態。本篇解讀的接收者患有慢性疲勞，而凱西談到了我們的各個面向如何互動進而影響健康，說服力十足。

接下來是一系列節錄自種種不同解讀的摘要——各種解讀的「選粹」。儘管凱西針對數百種不同的疾病給出過解讀，但本書著重於「精要」，因此只能概覽一下他的解讀成果。這些摘要顯示凱西如何處理四種日常疾病：普通感冒、頭痛、消化不良和鼻竇炎。此外，由於凱西對人體的長壽潛力持樂觀態度，所以額外附贈一篇關於回春的長篇摘要。

協調身體系統

大部分對凱西的工作感興趣的人，八成從沒讀過一整篇完整的凱西健康解讀。關於凱西對身體的開創性見解，我們所知道的幾乎完全奠基於專家針對相關凱西資料撰寫的摘要或著作，但仔細研究一整篇解讀還有許多可以學習。

當然，每一篇解讀都是配合接收者的特定需求；每一篇都聚焦在某個明確的疾病以及針對個人量身定製的推薦療法。儘管每一篇健康解讀事實上都是客製化的，但1120-2號解讀卻包含了適合幾乎每一個人的有用資訊。這是健康顧問凱西的一篇最佳範例。這篇解讀的普世價值在於，事實上，這位二十九歲男子的症狀，類似於許多人在今日壓力重重的世界中所承受的症狀，況且這篇解讀清楚地演示了凱西認為身體如何運作的模型。

這名男子在幾個月前接受了第一次解讀，如今正因為慢性疲勞和周期性頭痛而要求提供更多的建言（凱西以靈視力看見，這些症狀全都可以追溯到男子的第二和第三胸椎骨失衡，位置就在頸子基部下方幾英寸）。從靈媒那裡得到這樣的解讀，無疑是非傳統且具爭議性的舉措，何況凱西甚至警告說，他的理論很可能會被質疑，想必是由平時替男子看診的醫生所提出。

這篇解讀從一個相當正向的畫面開始：男子大致身體健康。然而，困擾他的症狀如果不加以糾正，日後可能會發展成十分嚴重的問題。這篇解讀的架構，揭示了凱西的身體運作模型的關鍵元素，在此，他處理了三個主要系統的狀況：

循環系統（又稱「血流供應」）：當血液循環受阻時，會影響身體同化氧氣和營養素的能力。更重要的是，循環系統（包括淋巴系統）必須有效地運作，身體才能適當地排除廢物（凱西常用emunctory這個字，意思是「廢物排泄」）。

神經系統（又稱「神經力」）：涉及兩個主要子系統：一是腦脊髓，包括大部分大腦、脊髓、連至脊髓的神經，這些促使感官覺知和肌肉的隨意控制成為可能；二是自主神經系統，雖然自主神經系統擁有位於大腦的控制中心，但它的操作通常不是有意識的覺知。自主系統也有兩個子系統：一是交感神經，主要與內臟器官的活化有關；二是副交感神經，比較關係到體內的鎮靜和再生過程。

在這些解讀中，凱西尤其關注腦脊髓與交感神經互動的交匯點——沿著脊柱椎骨的神經節。當這些椎骨偏移（或「錯位」）時，因而導致兩個系統之間的失衡，可能為內臟器官製造各式各樣的問題。這篇解讀針對這個主題提出簡潔的入門介紹，也顯示為什麼凱西時常推薦整骨療法或脊椎按摩調整。

一連串的內臟器官：凱西通常全神貫注在尤其與紊亂相關連的幾個器官。令人驚訝的是，在某些健康解讀中，提到的器官看似與眼前的問題毫無瓜葛，因為那些器官並沒有經驗到任何的疼痛或不適；例如，解讀中提到肝臟和腎臟的百分比相當高。

凡是研究凱西資料的人都可能會發現，完全了解這三大系統的說明和診斷並不是那麼容易。但假使你不完全理解凱西說的話，切莫氣餒沮喪；反而要好好尋找關鍵主題。其中之一當然是這些系統的相互連結性，這點在當今的醫學界愈來愈被廣泛接受，重要性超過了認定身體系統獨立運作的悠久傳統。現在有「心理神經免疫學」（psychoneuroimmunology）的新領域，證明心智、神經系統、免疫系統是直接關聯的。

在凱西的健康模型中，另一個關鍵主題是：許多疾病是一種「反射」（reflex）——亦即，對體內其他部位失衡的反應。例如，請注意1120號先生的消化問題被描述成一種「反射」，而不是器官本身的問題。

儘管沒有相同的症狀，但在這篇關於維持整體平衡以促進健康的解讀中，卻有可靠的建言提供給我們每一個人。此外，我們清楚地看見凱西如何理解身體，也看見他用哪一種策略治療疾病。

解讀

這篇通靈解讀1120-2號，

由艾德格．凱西於一九三六年四月十七日給出。

引導人是葛楚．凱西。

凱西：是的，[1120]號的身體在這裡，就在這個房間內。

現在，我們發現，在許多方面，這個身體的生理效力大致顯得還不錯。而且大部分的這些反應都很好。然而，我們發現有障礙、紊亂和衝動，現在修正這些不僅對眼前顯現的狀態有益，更對有時嚴重打亂身體的症狀大有幫助，而且可以協助預防需要更加暴力才能夠處理的紊亂——假使允許這類紊亂逐漸演變成完全正常運作的身體忽視不得的狀態。

我們發現，這些必定與存在於神經系統中的侵害有關，那一定會被看到，因為對身體造成影響，而且引發紊亂或諸如此類的狀況。

以下這些是我們談到[1120]號身體時所發現的症狀：

首先，在血液供應方面，從神經系統（也就是，腦脊髓衝動）中被打亂的狀態發現，同化的方式（不只是交感神經）有障礙。因此，血液循環從四肢返回，或是通過動脈進入靜脈時均有逐漸減緩的趨勢。

由此可知，系統的新陳代謝失衡，但隨著修正最初造成失衡的部位，比較有利的狀態就會出現，幫助建立正常的均衡。

在身體的神經系統本身當中，我們發現：如之前說過的，以下是這些紊亂的依據或成因。前一段時間，背部第二和第三胸椎的神經節受阻，造成容易缺乏適度刺激，無法調節交感神經系統，以及深層神經中的過度活動，後者來自於腦脊髓和交感神經與同化器官的交匯處。所以，要讓身體理解到，這個紊亂出現在那裡，以什麼方式影響這個系統（因為對身體來說，這一定是有爭議的）。

脊髓的每一節均與某個集中區相連，此區介於交感神經和腦脊髓系統之間，或是在脊髓內的衝動本身。在具體的中心裡，脊髓的節與節之間是相互連接的。我們說過，這樣的連接存在於這個特別的中心裡。

在那些名為神經節的每一個區域中都有一個囊，或是一小部分的神經組織，擔任調節器或導體，或是充當指路者，指引來自神經力的衝動，去到被神經系統的這個部分影響到的身體器官。

並不是任何一個器官、任何一個器官的運行，全都會接收到來自某個神經節或脊髓沿線某個中心的衝動；但這些因壓力造成活動不足從而導致的減速放慢，卻也引發——如同此處——某個病變，或是血流（也就是淋巴和廢物排泄流）企圖遮蔽任何受傷部位或任何壓力，這往往增加身體其他部分的壓力。因此，與身體其他部分的活動並不協調。

隨著修正或移除來自這類區域的壓力，受影響的部位將會得到緩解；也就是說，如同在眼前這具身體內，那些感官力——例如喉嚨、鼻腔通道、眼睛——的效用，都受到如此血流不足的影響。

因為，要記住，儘管心臟跳動——它是被支配的，或循環是受到擔任指導者或監督人的神經衝動所支配，才能引導至系統的活動，不僅提供滋養品供個體運作，更從這類慣性活動中排除浮渣，同時提供循環整體在同化後得到的滋養品，幫助恢復和重建。

記住，這些狀態隨時在系統中不斷進行著。

所以，在這個特定的身體裡，這個錯位會造成什麼症狀呢？

有時候，即使是全血循環，或是存在的血量充沛，當身體的外部（也就是整個表面循環）持續一段時間麻木無感覺；沒有多久便足以使身體蒼白無血色；容易因大量步行而感到疲累；不時容易感到疲累——或是更有甚者——（不是在某些時段因步行而疲累）閒閒坐著便感到疲累；不然就是擔憂或對情況過度焦慮帶來頭痛、喉嚨滿脹，有時打亂消化力以及對整體同化系統的反應，同時為身體的總體力道製造出某種偏酸性，遍布整個系統。因此，就連通過消化道的排泄也牽扯在內。

現在，帶著有助於產生刺激的那些東西，要麼刺激排泄，要麼促使身體的酸鹼度平衡，也可以透過淋巴液流經頭部或喉嚨和頭部的軟組織，促成流量增加或病症排出，使症狀得到緩解。

但這些結果的成因，打亂消化力的那些東西的成因，透過眼睛、耳朵、鼻子、喉嚨在彼此的相對關係中造成紊亂的成因，都是由上述指出的那些所引發——跟我們發現的一樣。

談到器官本身的運作：

關於腦力，當生理的協調與系統的腦力活動相關時，我們發現——我們已經透過身體的心智發展為身體指出——身體的心智能力和關聯力是能夠劃分、能夠將明確的印象印記在特定方向的活動上。如果因這些隨之而來的疲累而受阻，或是如之前說過的，因器官運作造成的那些紊亂而受阻，這些自然會變得遲緩——或是身體的能力將會受到阻礙。

在喉嚨、支氣管、肺臟和喉頭區——之前提過——有時會出現身體在通過這類區域時比較容易充血，那是一種趨勢，來自於這個不當的脈動，尤其是來自於之前提到的特定神經節；不過就器官而言，這些是非常好的。

心臟的活動如前所述。

消化力有時神經質地再度被干擾或打亂；但就器官而言，基於器官的平衡，好讓整個系統趨向協調，那是非常好的。而且當這類修正完成時，我們會發現，這些惱人的反應會被克服。

至於脾臟、胰腺、肝臟，膽管區的活動：當食物被同化時，這些器官便運作起來，或是製造汁液或體液，影響在胃部本身的酸鹼成分中被同化的食物元素。由於這些障礙，有時這些器官會有變酸的傾向。

因此，紊亂有時經由消化道浮現；但我們發現，這可能表示，這些是系統這些部分的「反射」，不是器質性乃至功能性的。

所以，在滿足這些症狀的需求時，我們發現：

首先，我們要開始採用水療，這活動不僅提供具體鍛鍊的時段，而且可以在這類時段好好按摩、好好調整那些被指出的特定區域；也就是說，上背部，尤其是第三和第二胸椎骨，要與通到頭腦基部的頸部區協調。

此外，我們會針對同樣部位增加電力振動，作為這類治療的一部分。

於是我們會發現，身體的運作，肌肉的力道，整個總體看來，將在 [1120] 號的身體內正常發揮。

準備回答提問。

問：應該要給與哪一類型的電療呢？

答：要麼紫外線，要麼手動施加正弦波交流電。

問：這些調整應該用整骨療法還是脊椎按摩療法達成呢？或是如何達成呢？

答：之前提過，在接受中規中矩的水療師治療時，我們有男按摩師會在過程中做出這樣的調整。

不時運用這些；一週一次，或者，先一週兩次，下一週則一週一次，再下一週又一週兩次，接下來一週一次；然後，在肝臟活動或排泄期間，常有疲累或遲鈍的傾向，不然就是頭疼，甚至是頭部有沉重感。

於是我們發現，這樣保有了身體的健康。

問：這些治療可以緩解疲累嗎？

答：之前說過，這些為的就是緩解疲累啊！當我們移除導致這些症狀的那些壓力時，就移除掉那個感覺，明白嗎？

問：頭皮應該使用什麼樣的治療法呢？

答：我們發現，對這個特別的身體來說，用紫外線電療會是最有裨益的。

問：這可以預防掉髮嗎？

答：之前提過，已經出現了那些表面和較深層的循環都被打亂的趨勢。這些是在剝離，不是在協調。沒有太多方法可以刺激身體的任何部分助長增髮活動，只能使用這類手握具紫外線功能梳子梳通頭髮和頭部，如此產生的刺激足以促使頭髮長得更多而且長得更好。

問：一般運動、打高爾夫、打網球，行嗎？

答：哦，如果依照指示移除掉兩肩之間的壓力，他就會發現高爾夫的揮桿能力大大提升！這些，當然（運動），是有幫助的。要好好執行。

現在解讀完畢。

身心靈療癒

疲勞、經常情緒不安、對人生失去興趣，這些都是今日常見的抱怨。事實上，慢性疲勞症候群是我們這個時代最令人困惑的病痛之一。這些症狀是由未被偵測到的病毒引起的嗎？抑或是，病痛的起源可能更為複雜？

解讀1189-2號提供了一個關於慢性疲勞的有趣觀點，這個症狀在六十多年前已經為人所知，但並不像現在這樣廣為人知。一名二十四歲的女子向凱西尋求洞悉未來的建言，問到了一些聽起來十分熟悉的症狀。她精神委靡，喪失了動力和野心。她憂鬱，創造能量枯竭，瀕臨情緒崩潰。她還有其他好幾個無以名之的身體不適。女子向凱西提出了這個問題：「我該怎樣好好克服不時發作的情緒歇斯底里，那嚴重干擾到我的工作？」

我們可以預期，凱西從整體的視角診斷此一症狀，推薦循序漸進的步驟促進均衡的療癒。特別引人關注的是造成這一切的原因。女子的崇高理想不知怎地總是帶來折磨她靈魂的深度失望感。其他人沒能符合標準，而且，由於本性過度敏感，內在激起了反叛的感覺。那份狂暴導致她的身體失衡，更因此致病。

崇高的理想可能使我們脆弱易感，這是人類狀態的弔詭之處。當我們期望許多——期望自己或期望他人，增加了事物短缺不足的可能性。如此的反諷意味見於〈路加福音〉第十二章四十八節（「多給誰，就向誰多取」）、榮格心理學（「光愈亮，陰影就愈黑」），或是許許多多的其他來源。所有這些洞見都表示，我們愈接近「終極」（Ultimate），考驗就愈嚴峻，我們也就愈脆弱敏感。

這篇解讀如何建議這名女子貫徹自己的療癒呢？針對類似的症狀，凱西今天可能會提出什麼樣的建言呢？

首先，他建議，要重視你的理想，要釐清你的價值觀，要確定你所扎根的東西不僅止是人世間的物質實相。要將自己錨定在無形世界的實相中，那才是不受時間囿限的。

接下來要體認到，失望可能很容易變成你自己的投射映照在他人身上。我們一定會因他人而幻滅，但令人癱瘓的失望暗示，別的事正在表面底下進行著。的確，你有一些很好的理由感到失望，但凱西提出，這個失望之所以具有如此的毀滅性，是因為「你一直令人失望」。女子不知何故，已經與自己的理想斷離失連，因此在與他人互動時，她沒辦法將理想套用在自己身上。

這篇解讀非常具體地談到這名女子如何喪失了自己秉持的理想，而這可能會發生在我們身上。她傾向於「同意他人的願望或欲求，（以求）秉持或保有他人的尊重。」她的人生的方向感——心理學家所謂一個人的「控制源」（locus of control）——落在自己之外。如此的情感轉移導致自己內在落空失望（或許是無意識的），這反過來導致對他人大失所望和憂鬱型痿靡沮喪，從而造成喪失驅動力、疲累和近乎崩潰的連鎖反應。

凱西的解讀大有希望轉變女子的症狀，那需要同時在幾個層面下工夫。首先是要與她的理想的「活生生」特質取得聯繫，強調活力、活動和活著的感覺：「……活生生的神、活生生的希望、活生生的信心——活化的經驗！」失望、絕望和沮喪使精神遲鈍呆滯；需要的是運動和有所目的的活動。

凱西的第二則建議是刺激幸福感。為這名女子強調了一套不用藥的方法，儘管有類似症狀的人今天可能會選擇某種新藥，某種治療精神異常的藥物，尤其如果症狀被認為是心理因素。凱西建議水療和「電」療，後者顯然指的是他在其他解讀中描述過、當時相當新穎的一種低壓裝置，而不是嚴酷的電擊治療。

第三，凱西要求她發揮自由意志，在生活中達成某些有紀律的平衡節奏：「……讓身體為它自己擬出一份時間表。」每天投入一定量的時間，改善她對自己與神的關係所抱持的態度，一定量的時間改善人際之間的關係，以及一定量的時間鍛鍊身體和休息放鬆。凡是願意做出某些抉擇同時擬定這類計畫然後付諸行動的人，一定會看見某些成果。當然，這套治療法的一大部分在於好好掌握一個人的人生。

總之，我們可以好好領會這篇解讀，因為它處理的不僅是一個當代共通的課題，更因為它是凱西整體療癒方法的一個絕佳實例。雖然所謂的「整體」，許多其實只是蒐集非傳統的治療法，但在此，我們看見深具洞見、條理明晰的治療，如實地探討身、心、靈。

解讀

這篇通靈解讀1189-2號，

由艾德格．凱西於一九三八年六月七日給出。

引導人是葛楚．凱西。

凱西：是的，我們掌握到[1189]號的身體。

現在我們發現，在考量與這個身體同時存在的特定紊亂時——而這些包含帶來正常的看法，以及重新激活人生目的、欲望或抱負——整個身體必須被列入考量；也就是說，包括身體的生理、心智和靈性屬性。

因為雖然身體發展的每一個層面都在它自己的環境或層面裡得到滿足，但身體內部會有經驗形成——正如我們在這個身體內部發現的——這時，所有這些必須被認定是彼此協調或合作無間的。

接著要被理解的是，這些一定要協調並合作——身體、心智、靈魂——如果要在身體、心智或靈性上呈現最佳反應。

因此，這個吩咐——來自靈性面向，但願每一個靈魂都會得到這個概念，知道並於內在意識到——「主，你的神，就是太一！」

如今有了這個身體，我們發現，在身體心智的理想方面，一直有一份極度的苦惱；來自於失望沮喪，對個人以及對存在體自身內在的理想的反應。加上本性超級敏感，它（心智面）一直反抗這些狀況。

現在這些反應的表現都在這個身體的生理效力裡面。因此，我們已經逐漸瀕臨神經崩潰的邊緣，大部分的病理學家或心理學家會這樣說。

然而，我們發現，透過情緒，這些已經在身體的生理效力中產生了明確的反應；這關連到神經系統，包括腦脊髓和交感神經系統。而出現較大憂傷的那些區域則是，腦脊髓和交感神經或想像力中心與身體的生理反應協調的地方。

因此，我們經歷了一段段無法控制的憂鬱期，體會到一段段無法控制的泛濫期，表達情緒的管道滿溢出來；沒有能力完美同化——這立即打亂了整個物質身體的新陳代謝。所以，我們發現，這些都是擾亂身體均衡的病理和心理症狀。

這些跟缺陷不同，不是不可以被修正的狀態；然而——由於情感的真實本質透過情緒表達——在針對這個身體的修正力道給出忠告或建言時，生理和心智都要列入考量。

首先：

有誰能說，任何個人的理想必須是什麼呢？但要知道，靈魂啊，必須要建立在靈性、看不見、不朽的事物中！

這些是什麼呢？

信心、希望、愛；沒有自我的想法。

因為當自我（self）或自己的小我（ego）感到失望時，要知道你在你的關係中一直是令人失望的，才會招致或可能招致這些。

同意他人的願望或欲求，以求秉持或保有對方的尊重、愛、希望或信心，那不是始終必要的。但要知道，你相信誰！以及相信什麼！如果你的信心建立在那些靈性、原創、有建設性的力道，就會帶來平安與和諧。

然後讓你的心，你的頭腦，在它自己裡面決定。

要看見並秉持古人的態度；讓他人行事如其所願，但就你而言，你要忠於活生生的神、活生生的希望、活生生的信心——活化的經驗！

於是，當你這麼做，其他事物便可暢行無阻。

你發現，已經產生了一股不活化的力道——不同於排斥力——介於交感神經系統與那些評斷之間；也可以說是正向事實或性質的腦脊神經反應。

因此，我們會發現，場景和環境的變化將是好的。

但首先，我們可以用調和身體力道的低電力協調一方與另一方。然後也可以用水療和電力。

不要求助於任何性質的藥物。因為仰賴藥物帶來那些欲望，最後會變成——心智和靈性的振動將只會反抗，或是如此倚賴藥物帶來那些欲望，最後同樣會變成——對存在體的心智力和靈性力而言——令人厭惡的。

要與那些給予他人幫助的影響或力道合作、關聯，這同樣會在心智上和生理上為身體營造出具建設性的氛圍、態度。

就這個存在體的真正本質，以及之前提過，這個身體的推動力的真正本質而言，就是要忙碌！所以要讓它成為有建設性的力道，而且要保持忙碌——無論朝哪一個方向，都要保持忙碌！

我們發現，堅守這些，一定會帶來較佳的反應。起初，可能顯得這些不是非常肯定，但以此方式，讓身體為它自己擬出一份時間表：

「我每天要花好多時間（要確實執行喔！）改善我的心智概念，改善我與神的創造原力的關係。

「我每天要花好多時間讓身體放鬆和用力，讓它表達，做些在心智和身體之間產生適當協調關係的活動。

「我要花好多時間付出（要確實付出喔！），每一天，落實被覺知到和設想到的。」這指的是你與創造原力的關係，你與你的人類同胞的關係。

而且未必是那些居上位者，也不完全是那些失去希望的人。因為身體、心智、靈魂都需要鼓勵，以及具體的舉例演示，希望曾在何處破滅、如今在哪裡落空，那必須靠你的活動重建復原。

要常在戶外，參與活動。

於是我們將會發現——在這一季逝去之前——對今生的經驗有了新的看法！準備回答提問。

問：該如何使用低電力？

答：那些直流電；例如低直流電或低紫外線，諸如此類。

問：您建議多久做一次水療？

答：一開始一週一次或兩次，然後逐漸拉長間隔時間。要好好實踐說過的這些事，然後我們發現，一定會帶出所描述的狀態。

問：您會推薦什麼人遵照這些提議的治療方法？

答：要為自己選擇這個方法。

問：我該怎樣好好克服不時發作的歇斯底里情緒，那嚴重干擾到我的工作？

答：之前說過。做些事啊！但同時好好想想身體、心智以及靈魂的目的！

問：我該怎樣克服生理上的持續疲勞，那導致我對人們、對自己的工作漠不關心？

答：之前說過；採用已經概述過的那些方法。

問：我該怎樣重拾從前的動力和野心？

答：就像之前提過的。一定要好好重建所謂的「理想」；而曾經使身體和心智以及生理效力害怕的東西，必須像眼淚一樣被擦掉。

現在解讀完畢。

凱西的療癒建言選粹

多年來，凱西傳達的大約九千篇健康解讀，解決了數百種疾病。幾十個人為其中的某些疾病尋求治療，而且從這些人的多重病歷中，為每一個人出現了一套通用的治療模式。儘管如此，我們需要永遠記住，凱西的解讀是針對個人的，而且他所說的話，個體與個體之間均有些許的不同。呈現在此的是精華選粹，顯示凱西如何對治幾個常見的病症。想要針對某一特定症狀了解更多細節的讀者，可以連絡凱西於一九三一年創立的研究暨開悟學會（網址：www.edgarcayce.org），該學會持續與想要研究和應用凱西建言的人們合作。

普通感冒

在極少數的場合，凱西被要求針對某一特定疾病給出通用的解讀，以下摘要節錄自一篇談論普通感冒的解讀。

時常被關照的每一個身體，本身就有一套律法。因此，有益於某人的預防方法可能對另一個人是有害的；就好像是，對某人具有良好功效的東西，可能證實對另一個人毫無用處。

普通感冒既是接觸傳染，也是環境傳染。它是病菌攻擊鼻腔通道或喉嚨的黏膜，往往先有潮紅或寒冷的感覺，而且鼻腔通道的黏膜有痙攣反應。

所以，關於普通感冒的戒護或預防措施，取決於如何全面判斷普通感冒在人體中的狀態，或是根據曾經採用了哪些預防措施，以及個人身體中已經存在哪些症狀。

首先，身體比較容易因酸度或鹼度過高而感冒，不過酸度過高更容易感冒。因為，鹼化作用對感冒病菌具有破壞性。

任何時候，當身體的生命能量額外耗盡時，就會產生過酸的傾向——而且可以遍及身體的任何部位。在這種期間，假使身體接觸到正在打噴嚏或染上感冒的人，就比較容易被感染。

因此，尤其在這類期間，一定要採取預防措施。

當然，可能因此出現許多提問：

冷空氣會導致感冒嗎？異常的衣著改變呢？氣溫變化呢？衣服或雙腳弄濕呢？等等。

所有這些，必定影響循環；因為耗盡了身體平衡、身體溫度或身體狀態。所以在這些時候，如果身體疲倦、耗損、過酸或過鹼，那就更容易感冒——甚至因為循環突然失衡造成的改變，例如因為溫暖的房間過熱。當然，當過熱時，氧氣會減少，這削弱了元氣（life-giving force）的循環，而這類循環原本可以破壞任何病菌或接觸傳染源或諸如此類的東西。

所以，如果有活動讓身體在其中更加意識到這類狀況，這自然而然就會時常運用能量，在心理上產生一份敏感性！因此，我們發現，可以被視為人體禍害的病症中，這是最飄忽不定的病症之一。

許多時候，也可以因為利用衣物平衡全身的壓力，而使身體對驟然的改變免疫。常在戶外且根據大致情況或氣溫穿衣服的人，與經常包裹全身或捆得死緊的人相比，前者較不容易感冒——除非——除非有其他的生理缺陷，或是系統中的這類症狀局部降低了活力，或是成為整個系統的常態。

關於個人或身體是否容易感冒，原因繁多。所以，一旦知道有這樣的趨向存在，就應該採取預防措施；也就是說，要預防虛弱、疲累、筋疲力竭，或是因冷空氣、衣服潮濕、雙腳潮濕等事故而引發的狀況，或是接觸感冒的患者。

眾所周知，所有生命力都是腺體系統的活動；而且這些是受到特定的腺體活動所刺激，屬於系統某些部分的運作。

所以，當暴露在這一類——如之前談到的狀況下，或是許多其他構成個體經驗的這類階段時，預防措施如下：

足量的維他命對不論哪一種類型的人都有裨益；A、B、B_1、D、E、G和K……可以說，為系統添加維他命是預防措施——任何季節均適用，包括身體最能適應感冒時，或是最容易感染感冒時，要麼因為接觸，要麼因為暴露在感冒環境或是因為狀況不穩定。

飲食也應該列入考量，因為不宜過多的酸性或甜食，乃至過多的鹼性，那可能會在系統的某一部分產生很大的引力（企圖為體內的這類活動籌備同化系統），因此削弱了任何器官或任何活動或任何功能，造成更容易感冒。

因此，應該要保持正常、均衡的飲食，這已被證明非常適合個人的身體——只要採取預防措施度過這類時期。此外，應該有預防措施關照適當的衣物、冷空氣、雙腳潮濕、房間過熱或過冷、因任何方式導致的過度疲倦或筋疲力竭。

全方位的預防措施以保持近乎正常的平衡，這是預防感染感冒該要採行的最佳措施。

一旦感冒已經攻擊身體，總是有某些措施應該要採行。首先，之前常說的，要休息！不要企圖繼續原有的狀態，而是要休息！因為，有跡象顯示某個地方筋疲力竭，否則身體不會受到影響。然後，黏膜的發炎往往也會削弱身體，因此，身體已被削弱的部分更容易受到影響，遍及整個淋巴和廢物排泄活動的特殊作用——例如，頭、喉嚨、肺臟、腸道系統。所以，如果身體的任何結構部分曾經受傷，導致那些方面有弱點，那些地方就變成容易受到這類有害的影響。所以，要接著找出或斷定弱點在哪裡，是否是因為排泄不足（這導致許多病痛）？

因此，大量的水以及鹼化劑（譯注：alkalizer，能使水體的pH值上升的藥劑，例如各種無機鹼及碳酸鹽均可用作鹼化劑），還有促進同化能力的東西，都是有所裨益的，可以促進平衡，俾使感冒及其後果可以更快速或更輕易地被消滅或根除。

902-1

頭痛

凱西時常認為，頭痛是腸道引起的。他一再提到盲腸，也就是位於大腸開端的袋狀器官。在這篇解讀中，我們看見清洗大腸的建議，以及以整骨療法調整脊椎。飲食、焦慮和情緒失衡也被認定是造成頭痛的因素。

因為，當有任何類型的頭痛時（可以由許多根源所引起），身體的物質存在的某處必有憂傷，那是頭痛成因的根源。某人可能患有某種因胃病造成的頭痛，另一個人可能是因為消化不良或排泄不順；而這些顯然在頭部的不同部位——或大腦中心本身的反射神經——引發壓力。

有一種頭痛有時被稱為偏頭痛，或者，那其實意謂著：「我們不知道這類頭痛的根源。」在這個特定的身體中，我們發現各種紊亂的組合。當經驗中（在這個身體內）存在著對任何的情緒影響過度焦慮時，無論是有意識還是無意識的，或是處在那些因思慮某事而導致身體惡化的時期，這些紊亂會更加嚴重。所以，這些是由這個身體中的某個症狀所引起，這症狀存在於和胰腺接壤的地方，就是脾臟作用於身體的活動區。

當這類症狀出現時，身體一定會發現，用手觸摸身體，與身體的其他部位相較，橫膈膜附近會有一片寒冷區。

我們發現，神經反射區的表現與腦脊髓系統內的特定神經節相關聯，而腦脊髓系統是交感神經與中樞神經系統的神經協調的地方。在這個特定的身體內，這些發生在背部的第六至第八胸椎。所以，這些區域需要刺激才能關聯或協調，才能緩和那些反射，或是那些在大腦中心區本身造成反射的壓力，如此才能緩和這個身體內的這些緊張狀態。

但這些壓力的根源來自於結腸裡和盲腸區內的症狀。所以，在即將移除這些壓力的過程中，我們要進行整骨療法和結腸沖洗。由於這些症狀長期與身體共存，因此必須定期做一系列的這些治療——如果我們要保持這些區域的協調，以防止對造成身體這些紊亂的神經力反射做出反應。

藉由高度結腸沖洗移除結腸中的這些壓力。要持續這麼做，不過在沖洗的第一或第二階段，可能會引來輕微發作。要持續這樣進行，直到所有黏液被完全去除掉為止，因為這是壓力的根源——位於盲腸區的某一部分。一開始，實施這些大腸水療法的間隔時間應該不超過十五天，如此執行五次或六次。而且這些必須以科學方法實施，不是「淺嘗即止」。因為，這些病症位於盲腸中心的特殊區域，要好好淨化。

此外，要持續偶爾放鬆並刺激腦脊髓系統的中心，這些中心提供神經能量給胰臟經過的區域和脾臟區，如此沿著整個消化道一路連結，來到概述過的那些區域。這些應該採用整骨療法或神經病理療法，而且大約一週施行兩次，如此治療十或十二次。然後可以將治療間隔時間拉長，或是二或三週完全不治療，然後再開始另一系列的治療。

要切實執行，而且我們必須刺激腸胃道的活動力，才能戒除這些頭痛。因為，我們不僅要去除原因，而且要用正常的反應讓身體提供能量，取代原本的一切。

當然，食物有其效用。對這個身體來說，要遠離過多的甜食，或是混有水果或糖果的食品。在心智活動方面，要保持樂觀——即使諸事不順。要好好執行。

3329-1

消化不良

在此，這篇解讀再度讓人一窺凱西如何為特定的疾病做出具體的建議。請留意，針對這名四十一歲男子的問題所做的描述，強調的不只是吃錯食物，更強調當時的情況。過酸的狀態瀰漫整個身體；此外，腎臟與肝臟之間缺乏協調。太多正在循環的血液阻塞在腹部器官中，而身體的四肢則血液不足。

在下半部的消化系統中，因為系統中存在的狀態過酸，當然會在進入腸道時產生某些力道，而且遍布各處，這就造成身體的憂傷。

在排泄的活動中，透過腎臟排出，或是透過肝臟的整體循環——例如之前提過的肝臟充血。因此，排泄和分泌系統並非總是彼此融洽合作，因為血液供應的較大部分往往是在系統的這個部分，四肢則供血不足，這導致循環鬆弛。

在腎臟中，這些以尿液的特性顯現，或是變成透過同一管道排出的排泄物，而且一定會發現，這些可以藉由飲食乃至藉由被納入系統中的水量，得到大幅的修正或改變。

在滿足這個身體的狀態的需求時，不但一定要考慮到具體的症狀，還要考慮到醞釀積累，或是因這些症狀而存在的整體虛弱乏力，如此，在協助一方時，才不至於害另一方負擔過度。當然，飲食是該要考量的首要事情之一。

在滿足這些需求時，我們會這麼做：

談到有助於這個系統的藥物屬性，我們會在這個系統中採用鹼性藥物，尤其是白堊—鉍（Chalk-Bismuth），以及諸如此類。

飲用的水——大部分應該是含有榆樹成分的水，而且應該先準備好再飲用，但應該始終是涼的或冷的。

用餐前，溫和的番紅花（Saffron）茶應該能夠好好覆蓋整個胃，這麼做可以幫助消化。

此外，食物營養價值之類的應該要務實，或是採用實際的方法——譬如，一定會發現有必要改變食物——因為這些必然會改變系統中的狀態，而且當發現任何部分不合時，就要修改一下。水果和穀片應該是容易消化的食物。偶爾可以吃些米糕加蜂蜜——但應該只加蜂巢蜂蜜，不加分離蜜。有時可以喝阿華田當飲料，不要喝茶，不要喝咖啡。奶的特性並不總是與系統相符，因為奶會產生有害的凝乳。這些可能因奶的特性而改變，所以有時候可以喝奶。偶爾可以喝羊奶或奶粉，或是諸如此類。這樣的奶搭配穀物或是食物或是早上第一批食物。

中午的餐點應該主要是流質飲食，而且不管吃什麼，都不宜過量。可以喝牛肉汁；但不要吃牛肉。經常少量啜飲，對這個身體比較好；這裡說的是，中午左右的飲食，明白嗎？

晚上可以改吃建構血液和神經的飲食，也可以改吃特性呈鹼性反應的任何食物！這時可以吃雞蛋，前提是只吃蛋黃，要麼蛋黃煎熟，也可以煎熟後搗碎，拌些橄欖油之類的油品，也可以拌鱈魚肝油，這應該成為晚餐的一部分。

準備回答提問。

問：應該使用多少量的榆樹和番紅花呢？

答：每一杯清水，搭配用手指和拇指捏一小撮磨碎的榆樹，攪拌均勻，加入一小塊冰塊；準備好大約二至三分鐘後才飲用。番紅花應該要浸泡，製成茶，而且不要太濃。可以根據此法自行調整，番紅花茶最宜暖暖地喝，而且在用餐前飲用，明白嗎？所以，先喝番紅花茶，讓茶進入系統中或胃裡，形成保護膜。如果發現這些造成憂傷，不論什麼時候，問題都不是出在這東西的品質，而是分量應該要減少；因為這些一定是有效的，就像氧化鎂（Magnesia）和鉍（Bismuth）在改變系統中的狀態方面一定有效。要好好執行。炭應該也有效，可以減少氣體的量。

不妨偶爾針對身體系統的下半部使用油沖洗法，如此，結腸可以得到適當的清洗，而且因為流經系統這個部分的供血不足，引發的緊張可能會增加。要將整個身體系統建構起來。

為這個症狀提出的操作一定是為了強化整個神經系統，好讓身體在休息時可以澈底放鬆——因為在休息和睡眠中將會找到這個身體的建構資產。

5545-1

鼻竇炎

鼻竇炎是複雜的病症，在不同人身上可以由不同的事物所引發。針對這篇解讀中的二十七歲女性，凱西指出，血液供應不足導致對外來刺激物極度敏感。就跟凱西的許多健康解讀一樣，他提到我們今日並不熟悉的成分和治療法。連絡研究暨開悟學會，就可以取得更多這些成分和療法的相關訊息。

此外還有下述趨向，由於血液供給不足，造成經過的黏膜發炎或虛弱；導致鼻腔通道、竇部、頭部的軟組織和喉嚨，變得對周圍環境或身體相關活動過敏。

這些也應該列入考量，於是我們會發現，身體可以抵抗寒冷，以及那些不時透過身體這些部分出現的打噴嚏和發炎傾向。

至於改善症狀的實用方法，就是：我們對時間的安排要更加謹慎。要花時間休息和恢復，花時間參與鍛鍊可以帶來身體復興而不是有害症狀的活動。

節制碳酸飲料或含酒精飲料或任何的含麥芽飲品，避免受到任何這類作用的刺激；也就是說，那些是刺激物。麥芽（malt）作為消化系統中的活性成分是非常好的，然而我們發現——就連這點也可以用更適合身體的形式被攝取——我們會針對這點提出建議。

此外：至少接受六至十次的整體性整骨治療，以此放鬆身體；尤其是從背部的第九胸椎到第一頸椎整片區域，而且在這類治療的後半，協調從下半身的薦骨和腰椎到第一頸椎的區域。

關於飲食：

在此我們發現，定期大量的柑橘類果汁將會有所幫助。每天要喝至少五百CC的柳橙汁，加上擠半顆檸檬汁到同樣的柳橙汁裡；持續十天，然後休息十天，然後再喝十天這樣的柳橙檸檬汁，依此類推。

用餐時服用亞迪隆（Adiron，譯註：此產品原本叫做Codiron。凱西大約有三十篇解讀推薦Adiron，尤其是治療貧血、消化不良、一般性虛弱乏力。亞迪隆內含鱈魚肝油，是維他命A、B、D、E、G的來源。一九四一年由伊利諾州芝加哥的Lawrence Labs製造。在凱西解讀中發現，亞迪隆提供能量給身體，避免傷風感冒和充血，同時降低感染的風險）；一餐一片，或是一天三片，每餐一片。如此服用一整瓶六十片，休息幾天，然後再服用，依此類推，持續以此方式服用幾個月，然後逐步縮短亞迪隆片的服用期，只要身體系統已經得到充分補充，不服用亞迪隆片也不會感到疲憊。

準備一根吸入器，插在一只深色的廣口玻璃瓶中，瓶口軟木塞鑿穿兩孔——而且用較小的軟木塞塞住這兩個出口。瓶子起碼要是一只〇．一七至〇．二二公升的容器。

瓶內裝〇．一一公升的純穀物酒，然後依序加入：

尤加利樹油（Oil of Eucalyptus）…………二十滴

複方安息香酊（Compound Tincture of Benzoin）…………十五滴

精製松節油（Rectified Oil of Turp）…………五滴

精製木焦油（Rectified Creosote）…………三滴

妥魯溶液（Tolu in Solution）…………三十滴

使用前先搖一搖，吸入時間是夜裡和早晨，或是發癢或咳嗽時，或是其他容易打噴嚏的時候——也就是說，當天任何時候，只要發生上述情況；但要定時在早晨一起床和晚間就寢時吸一下。將溶液的氣息吸入一側鼻孔，同時按住另一側，然後讓另一側吸入氣息；也將氣息吸入喉嚨，進入肺部，不是吞食吸入劑，而是吸入那些氣息，明白嗎？當一側鼻孔吸入氣息時，要按住另一側鼻孔。做到這些，身體就會更健康。

2186-1

回春

雖然回春並不是病痛或疾病，但這個主題卻時常出現在凱西的解讀中。凱西覺得，人體可以活到至少一百二十歲，只要人們願意付出保持平衡與健康所需要付出的代價。在這篇解讀中，三十七歲的男子要求凱西告訴他，如何才能大大延長他的壽命。以下是長壽的關鍵原則，例如細胞更新，理論是，基本上，身體每七年自行重建一次。因此，儘管男子目前很虛弱，但根據凱西的說法，他仍然有潛力活到一百二十歲或更長的時間！

若要說明身體中的長壽，就要說明，每一個細胞、每一個原子結構、每一個血球，都能夠自行複製，不受種族或環境條件的趨勢或傾向影響，而且得到淨化或潔淨的經驗，可以持續在它自己的內部進行。

知道這些趨勢、這些弱點，並不表示這個存在體面前不斷存在著那些影響長壽的妖怪。因為，當你做著你知道該做的事情時，那些就被拋諸腦後，而該做的事若是放著不做，你就要為疏忽、過度放縱、暫時滿足存在於體內的食慾或趨勢而付出代價！

在此我們發現，有必要好好照料、好好鍛鍊、不斷檢查身體的活動；不是每天那麼做，那未必須要——但要記住，物質身體頻頻修改它的表達方式，且在七年一週期的循環結束時，它已經完全取代了七年前週期開始時存在的那個身體。用什麼取代呢？同樣的舊趨勢增加了好幾倍嗎？同樣的舊傾向翻倍了——還是被根除了呢？

所以，這取決於那些與存在的影響或趨勢相關連的活動。因為，凡是病理學家可能都會告訴你，還找不到已知的理由說明為什麼個別存在體不可以想活到幾歲，就活到幾歲。而且並沒有死亡，死亡只存在你的意識裡。因為所有其他人都已經死了，所以你期待死亡——於是你真的死了！這些是你的意識的一部分，在什麼裡面呢？在心智裡，在靈性中——而且物質身體對死亡做出反應。

所以，這是與這個身體一同存在的狀態；一個弱點，一種趨勢，不是疾病（disease），而是不適（dis-ease），存在於血漿的激素中；往往——由於傷風感冒、充血、酸度過高或是因血漿再生造成食物的不當平衡——導致肌腱中、骨骼裡形成靜止的狀態。

談到血球計數，就數量而言，就原生質細胞或是紅血球、白血球來說，我們會發現，比這個存在體平衡的身體少之又少。

至於腦部神經反射中的原生質，以及灰質與白質的協調——我們只在某些時候發現這些顯示出某種變異。

對這個身體來說，挫折有時會帶來使身體在事後大幅惡化的反應。在那一刻，干擾太多，多到甚至無法知道挫折的起因，但在挫折過去後，存在體本身卻大聲責罵自己或別人！

這是因激素供應造成的反射，在壓力底下，大腦循環無法供應足量的快速活動應付那裡的神經衝動。

這些只是這個身體的趨勢。

至於靈性上的趨勢和傾向——這些無從說起，因為，這些是靈魂本身的選擇。

靈性理想的趨勢是順心如意。至於你是否秉持這樣的理想，則是由你在自己的心智中決定。

但理想不是你的心智——理想是因心智而起作用的準則。但要記住，就像那份期待——因為你的曾曾曾祖父去世了，所以你也會死——在那裡，而且那是你體內每一個細胞的一部分期待啊！那是可以被根除的，是的。如何被根除呢？藉由自我內部持續不斷的活動，期待這個狀況不必發生在你身上！

那是成為「靈」。當「靈」建立時，當「靈」在心智中形成靈的活動時，心智就變成了建造者。心智不是靈，它是靈的同伴；它建立模式。而這是自我可以升起那份期待的開端，期盼在地球上有它的活動期。這也是你的理想的開端。什麼理想呢？是這個靈魂應該、務必、將會、能夠、一定要在這段經驗中達成的事！

然而仗著什麼權威呢？在你的地球經驗中，你賦予了誰權威？賦予什麼權威呢？在靈之中嗎？然後在心智裡嗎？

至於如何根除這些波動、這些困惑——不要將這些與作為「掩護」、當作防禦工事的混為一談。而是，只要知道你是對的，只要知道活動中的你是對的，就已經為自我鋪了路，可以掌控可能出現的任何情境——無論是由於心智混亂，還是因為心智和靈性情境兩相結合的混亂。

因此再一次，心智依恃它在「靈」之中的理想概念和抉擇，以及在「靈」之中，誰是權威？什麼是權威。

至於那些生理症狀，那些是身體內的一部分病理效應。

在某些時期，要檢測酸度、白蛋白、通過身體的乳糜活動的平衡，檢測腺體的反應；這些會帶來身體內的正向或反向屈曲。

因為知道這些趨勢，所以要補充生命能量，你們稱之為維生素或元素。因為，要記住，雖然我們提供許多組合，但你的身體內只有四種元素——水、鹽、蘇打、碘。這些是基本元素，它們打造出所有其他部分！每一種維生素構成某一元素的一部分，它只是這些其他作用力的一個組合，有些人為每一種維生素定出一個名稱，多半是為了混淆個人，告訴你該怎麼付錢！

所以，在那些活動中，適度平衡地增加可以保持如此均衡的東西。於是，如果你將自己的生命定為一百二十歲，你就可以活到一百二十一歲！

2533-6

總結

凱西的整體療癒法

從系統的角度，可以很清楚地理解療癒。首先，我們需要理解物質身體的各個系統——神經系統、循環系統、內分泌系統以及所有的內臟器官——是深度相互連結的。一個系統失調可能引發另一個系統的症狀。同樣肯定的是，達致一個系統的平衡與和諧可以嘉惠其他系統。

這套系統方法也適用於更大的布局。我們每一個人都是由相互連結的身、心、靈所組成，為了使療癒完整而持久，我們需要努力整合自己的所有這三個面向。我們不僅需要促進物質身體的療癒，需要轉化支配身體的態度和情緒，更需要使自己有所紀律，才能明確地持續聚焦在引導身體的靈性理想。

第五章

靈魂的旅程：輪迴轉世與人生目的

凱西解讀的第二大範疇，處理的是自我理解以及靈魂找到人生目的的旅程。共有大約兩千篇的人生解讀，包括前世經驗的細節、如何發現自我靈魂的目的、以及如何處理阻礙你的業力模式。

對凱西來說，輪迴轉世向來是一個傷腦筋的主題，一部分是因為他本人很慢才對這個理念產生興趣。這點不足為奇，他初期解讀的許多個案對他的工作也相當陌生，八成反應跟他一樣。但在一九二四年至一九四四年他給出人生解讀的二十年間，他對這個概念的熟悉程度遠遠勝過當時的西方世界。

凱西提出的輪迴轉世始終是一系列「人」生，不像某些東方宗教，呈現的是不同的物種。更重要的是，凱西的方法保留了他早年基督教信仰的味道。他提出，儘管我們可以學習，我們的靈魂可以從一世成長到下一世，但若要這個循環停止，唯有忠於「恩典法則」（law of grace），也就是調解和療癒的力量，來自神的慈悲的愛，而不是由於我們自身的努力。

我們可以在靈魂發展方面向前邁出小小的步伐（或是向後退，因為自由意志為叛逆和與神分離預留空間），但唯有透過願意臣服於始終活在我們之內的神性火花，邁向開悟的真正一大步才會出現。

在本章中，我們探討三篇解讀，闡明凱西對靈魂的旅程的說法，特別是他的輪迴轉世理論。

第一篇解讀的給出對象是一個團體，這群人有興趣證明輪迴轉世的有效性。

第二篇是他所謂的心智靈性解讀（總計約有一千一百篇）的其中一篇，提出了關於全人生活的建言。這些談話絕少涉及前世的細節，但卻囊括了輪迴轉世的概念。這篇具體的解讀包含一段簡潔的陳述，談到每一個靈魂的使命，不過這段陳述沒有說到形上學的細節，沒有提及更高維度難以理解的計畫，也沒有複雜的解釋說明轉世、業力、恩典如何運作。這些主題可以在其他解讀中找到。我們這本凱西「精要」，歸結的是比較實際、簡單的問題：靈魂能夠最充分地學會更有耐性、更加寬容嗎？靈魂能夠學會以如實應用所知的方式生活嗎？靈魂能夠學會臨在當下這一刻，讓自己可以接受且深情地迎接出現的不論什麼境遇嗎？

本章最後的談話是一篇針對六歲男孩給出的人生解讀。雖然它不像多數其他人生解讀一樣，有許多關於前世經驗的細節，但以靈性哲學家和生命教練的身分來說，這卻是凱西最美好的實例之一。

如何以及為何要研究輪迴轉世？

到了一九三七年，凱西已為數百人提供過人生解讀，其中有些解讀內容就包括在美國當地的前世細節——所謂化身為美國人。因為這些包括姓名、日期和地點，難怪比較熱心的凱西追隨者希望進一步研究，以便印證證據，乃至提供令人信服的「證明」（好幾位追隨者從一九三七年以後便一直在嘗試，有時有引人注目的結果，但卻舉不出明確的證據）。儘管如此，解讀5753-2號仍是一篇清楚有力的陳述，談到了真理的追尋——其實包括任何主題——以及在研究前世經驗時，我們必須小心謹慎的地方。

凱西首先提醒這個小組，某一個人的真理可能不適合另一個人。存在著某種「證據的相對性」的特質，而且最終，只有個人的經驗才能夠完全說服一個人。此外，他警告說，我們不應該只為了知識的緣故而追求知識，而是應該追求能夠實際應用在自我人生中的知識。至於什麼因素讓任何的努力變得值得，節錄自這篇解讀的下述這一段捕捉到凱西思想的真正本質：「唯有產生或帶來經驗的東西可以使公民成為更好的公民，父親成為更好的父親，母親成為更好的母親，鄰居成為更好的鄰居，這才是有建設性的。」

事實上，凱西對好奇的探求者是相當嚴厲的，例如一直想知道自己在某個前世的名字或出生地的那些人。「何況發現你只是活過、死亡、然後被埋葬在祖母花園中的櫻桃樹下，並不會使你成為更好的鄰居、公民、母親或父親！」

假使我們真的想要探索前世的實相，可以在日常生活的社會和道德層面發掘。我們以靈魂的身分經驗自己，靈魂從前曾經經歷人世，而現在，我們願意為當今世界的混亂承擔某份責任。這個問題是敞開心扉，接受我們身邊的苦難，同時看見我們在其中的角色。這個問題是知道——我們「在當下此刻，可以由於義當如此而好好修正——那是值得的！」藉由對他人的憐憫，我們開始憶起自己的真實本性，而一部分那樣的憶起是更廣泛地覺知到成為靈魂的意義。

凱西甚至邀請我們研究大衛王（King David）的人生，他說，大衛王犯下了《聖經》記載的幾乎每一條原罪，但只犯一次，因為他總是從自己的錯誤記取教訓。「不妨在研究自己時仿效那樣的一生！」因為熱情而全然地活出人生，甘冒風險且犯下錯誤，然而卻從自己的錯誤中學習，大衛發現到，業力和恩典不必等到下一輩子，而是就在眼前引導我們今日的生活。

解讀5753-2號無疑與研究小組希望從凱西那裡聽到的內容相去甚遠。他們想要方法，結果卻得到一席談話，探討什麼促使人生真正值得——包括今生和累世累劫。

解讀

這篇通靈解讀5753-2號，

由艾德格・凱西於一九三七年六月二十九日給出。

引導人是葛楚・凱西。

葛楚：紐約研究小組（New York Research Group）將會出現在你面前，小組成員就在這裡，還有他們的渴望和目的，想要研究並取得證據，可以查核透過艾德格・凱西的人生解讀，而得知曾經化身為美國人的那些個案。你將運用一系列「解讀」取得關於個人紀錄的進一步資料，建議這個小組進行這項研究的最佳方法。要回答提問。

凱西：是的，我們掌握到聚集在這裡的團體，紐約研究小組的成員們，作為一個群體，作為一個個個體；帶著渴望、目的，企圖研究個體化身的證據。

在給出這些時，我們發現可能對這類經驗有所幫助的東西，首先，小組的每一個成員應該要在自己的頭腦中斷定「什麼」是證據；然後要確定，那「不」是你的夥伴的證據。

因為我們並不是人人同心一意，何況證據或知識是個別的經驗——而且必須被經驗到。

表意識心智只知道，藉由比較得出的東西可以在表意識心智中得到證明。

不過，化成肉身不是物質的，而是心智——透過物質顯化。

因此，儘管化身是物質的重要部分，但證據卻在於：化身發生了什麼事。

這個小組應該再次以個體的身分在自己內心裡斷定，當對他們來說，上述這些有確鑿的證據存在時，該如何處置。

不要只為了你的毀滅而得到知識，要記住亞當的教訓。

不要取得你無法使它在自己的經驗和日常接觸的人們的經驗中，變得有建設性的知識。

不要企圖強迫、驅使乃至試圖將你的知識強加給另外一個人，要記住蛇對夏娃做了什麼。

在研究過程中，要知道你們何去何從。只為了自己的滿足而取得知識，是可以被稱讚的一件事、一種情況、一段經驗，只要這不會在你的經驗中，產生因為你的知識而使你優於另外一個人的感覺或表達方式。不言而喻的是，那勢必成為絆腳石，除非你知道該用你的知識來做些什麼。

至於詮釋的方式——這些可以觀察到，這些可以變得有建設性，只要好好研究你在與你的人類同胞建立關聯和打交道時，曾經有過的弱點、傾向帶來的那些影響。這些是心智的，不是物質的東西，儘管可能帶來了物質的活動。所以，弱點的警訊，帶有這類警訊的建設性活動可以證明，參與任何個別團體的活動是有用的經驗。

當然，這不宜包含文獻資料或證據；因為指向大眾心智的文獻證據付之闕如。唯有產生或帶來經驗的東西，可以使公民成為更好的公民，父親成為更好的父親，母親成為更好的母親，鄰居成為更好的鄰居，這才是有建設性的。

何況發現你只是活過、死亡、然後被埋葬在祖母花園中的櫻桃樹下，並不會使你成為更好的鄰居、公民、母親或父親！

要知道，你說話刻薄且因此而受苦，而在當下此刻，可以由於義當如此而好好修正——那是值得的！

什麼是「義當如此」（righteousness）？就是善良，就是高尚，就是自我犧牲；就是願意成為盲人的雙手、瘸子的雙腳——這些是有建設性的經驗。

你可以取得這些知識，因為化成肉身正是一則事實！

你該如何證明呢？就在你的日常生活中！

以大衛王的經驗為例，在他的經驗中，是什麼使他被人們稱為「合神心意的人」（a man after God's own heart）呢？他不遲疑動搖嗎？他不做這做那嗎？還是不犯人類關係範疇中每一個傷風敗俗的經驗呢？都不是，而是因為他感到抱歉，而且同樣的罪過不犯兩次！

不妨在研究自己時仿效那樣的一生！

可能有藉口——是的，對於那些犯下一次過錯的人，可以有所寬恕；對於犯下兩次過錯，三次過錯的人，可以有所寬恕嗎？是的——而你要寬恕，如果你要被寬恕的話！因為那是律法。

所以，這樣的研究是健康的——只要你們知道何去何從。

如果你們不知道何去何從，最好不動不碰！

靈魂的使命

一旦我們領會到，人生是有所目的的，每一個人都有一個明確的人生目標，便會自然而然的想知道，我該怎麼做？我正在做我在這裡該做的事情嗎？我正在成就那件事嗎？

接收到下述這篇解讀的五十七歲男子，得益於凱西的通靈諮商，幫助回答了那些問題。他之前曾經兩次得到凱西的協助，此時，他要求為他的內在和外在發展進行透澈的評估，做一種「靈性稽核」（spiritual audit）。他得到的是一段深刻的敘述，說明我們每一個人面對的靈性任務，那是一個畫面，描繪這個人的靈魂，以及它在物質界的基本工作。

使靈魂成長需要有理想；靈性成長發生在已經選擇了人生目的的背景中。那不只發生在我們身上，彷彿失去乳齒或找到第一根白髮；那需要新的舉措。更具體地說，凱西提出某些理想：「耐心」和「寬容」。這兩個理想有什麼要素對靈魂的使命做出如此意義重大的貢獻呢？耐心和寬容強迫我們換檔，用新的方式看待人生，要求我們「超越」表象。換言之，我們的意識轉變了，我們以不同的方式看見和感覺事物。

當我們有耐心時，就會有一種新的時間感；當我們寬容時，就會採用為諒解和寬恕預留空間的方式看見他人的行為。從唯物的觀點看，這兩種特質都沒有多大意義；譬如，如果不快一點，我們顯然會錯過那艘船，或是，如果我們放過別人，對方將會擊敗我們。但即使是耐心和寬容，也並非始終看似合乎邏輯，它們是兩項特質，使我們醒悟到自己確實是靈魂。就我們在此地球上的使命而言，那份覺知才是絕對的關鍵。

若要進一步檢視這個概念，且讓我們返回到前幾個章節中提出的問題：靈魂究竟是什麼？當我們開始在靈性上覺醒時，可以領悟到自己是什麼呢？凱西特別提出了兩個答案：「不死」（immortality）與「個體性」（individuality）。誠如凱西在這篇解讀中說的，我們開始感應到「生命的連續性……靈魂永久存活」；此外，我們醒悟到自己的獨特性和自由，「靈魂是每一個肉身在物質界體現時所特有的」。

說來容易，做來難：有耐心而寬容並不容易，即使是偶一為之。但凱西承諾，如果我們不屈服於帶著愛心的服務所造成的疲憊——如果我們不變得「厭倦於行善」——就會得到「生命的冠冕」（**crown of life**）。這個可愛的隱喻指的是某種明顯不同的意識狀態，當我們誠摯地試圖活出靈魂的使命，那會到來成為恩賜，凱西把如此的恩賜定義成：有能力知道「人」符合「神的保護」。也就是說，在物質世界中，我們並不是脫韁野馬，獨自漂流；當我們活出自己的使命時，「靈」與我們同在，保護著我們。

雖然我們的任務很簡單，但並不容易。每一個靈魂的使命都是應用並活出你所知道的，同時有創意地迎接來到你面前的一切資源。第二點在這篇獨特的解讀中一次又一次地被發現，這是一個主題，一段副歌：

- 「做著你的雙手發現可以與在主之內的大能一起完成的事。」

- 「照管祂的羔羊，那些在你的道途上的羔羊，那些你日復一日遇見的羔羊。」
- 「凡是賜予你的，要你善用。」

這類聲明強有力地提醒我們，不必出外尋找挑戰來證明自己，不必不安地搜尋靈性的機會。人生會把那些帶給我們。

起初，我們內在的某樣東西可能不滿意那樣的答案。「靈魂的使命」在某種程度上聽起來比較宏偉，影射豐功偉業，不像耐心和寬容那類處理日常難題的平凡瑣事。但當你閱讀下述這篇解讀中的凱西信息時，看看它是否不會在你自己的靈魂中激起些什麼，那東西知道，最深層的真理往往只需要最簡單的解釋。

解讀

這篇通靈解讀442-3號，

由艾德格．凱西於一九三四年一月二十六日給出。

引導人是休．林．凱西。

休．林：你將為他帶來一篇心智和靈性解讀，說明進入這個經驗循環的理由，並為他今生內在靈魂能力的發展和表達提供詳細的引導。

凱西：是的，[442] 號存在體在這裡。

在考量一個存在體的心智體和靈魂體的活動時，在關連這個存在體在任何特定經驗中的活動或目的時，在靈魂發展過程中已被建立起來的重要事物，有必要被當作對比加以參照，那可以用可理解的方式和手法呈現，方便心智和靈魂在任何既定的活動中擴展。

在 [442] 號這個存在體中，透過它在環境中多半成長而非倒退的活動，我們找到了不同的經驗或容貌。雖然在種種經驗裡，有些時期顯然因猶豫不決和特定活動造成相當的倒退，但總的來說，我們發現，由於應用在眼前經驗中已經顯而易見的東西——那些已經被設定成理想和準則，應用在某個既定容貌或經驗的人生中，可能用在某個方向，或是依據存在體自己的判斷——這樣的發展一直是符合某個理想。所以，在自我之內打造耐心——賜予生命的上主已經指出，耐心是每一個存在體都有資格經驗的，好好應用耐心，每一個存在體都可以覺知到擁有一個靈魂，那份與生俱來的權利是天父賦予每一個存在體的恩賜，可以被呈現在「神的寶座」（Throne of Thrones）前，在「至聖所」之前，用神聖且可以接受的方式和手法。

所以，在義當如此時——這是在耐心中發現的，那已經成為有價值的屬性，屬於這個存在體的靈魂，在寬容中和耐心裡，已經覺察到生命的連續性——而且靈魂是每一個肉身在物質界體現時所特有的，靈魂永久存活，處在靈魂在經驗中所見到且領會到進而創造出來的那些環境裡，依據祂、天父、「萬有的主」希望每一個靈魂所是的那些指示。

所以，如同我們在這個存在體的經驗中發現的，這些已經成為有價值的屬性，因為這些在祂的眼中是令人愉悅的；因此神吩咐過：「不要厭倦於行善，因為忍受到底的人必戴上生命的冠冕。」生命的冠冕在此意謂著覺察到自己內在的那些能力，知道這個自我，小我，我，符合神的保護，覺察到神的保護，那曾經且確實臨到每一個不管在什麼經驗中實現其使命的靈魂。

所以，你問說，這個存在體，這個靈魂，體驗今生的使命是什麼呢？這點加上過往的一切，可能有機會讓這個靈魂根據所知採取行動，而那是依照且符合神向來對人類的吩咐；你們要讓自己的道途筆直，希望別人如何對待你，就要如何對待別人；要愛上主，你的神，避開邪惡，滿心歡喜地忙著日復一日擺在你面前的服事和任務，做著你的雙手發現可以與在主之內的大能一起完成的事。因為，祂的道永遠是：你在恩典中和知識裡成長，也在理解上主和祂的道之中成長。並不是說，有工作要做時，你卻懶散休息，而是保持善良仁慈，有耐心，長期忍受那些犯錯的人，只要你自己問心無愧，然而在你自己的人生中，在你自己與這類事物打交道時，你展現出那份愛，那份神自從創造了物質「肉身」以來便對全人類展現出的耐心，而在物質世界裡，大家都知道，肉身可以提供一條通道，讓大家知曉且接受具有靈性生命資格的那些事物，可以據此找到顯化之道，從而生出他們的果實、他們的食糧、為悔罪做好準備。

因為，當內心謙卑時，每一個靈魂都會在歡喜中找到那些事物，那些日復一日要交手過招的負荷。而在靜心的過程中，不時要跨出那一步（因為，神曾經說過：「你們時時奉我的名求並相信，必成就你們。」）。神忠於祂的應許；因為，祂曾經說過：「我絕不會撇下你們為孤兒，但你們必得激發——正如在你之內的靈使你活著，使你覺知到服事帶來的喜樂是你的，於是你可以公正地、慈悲地、善良仁慈地酬報你的人類同胞，溫和地對待這裡、那裡的人們，於是那已經成為且確實成為你的命運，可以被加以丈量。」因為，沒有偶然那樣的事，只有需求的律法、供給的律法、愛的律法，日復一日永遠、永遠在你自己的雙手中。因為，當需求出現時，你應該要展現出你的愛，你在物質界活動時，那曾被施加於你，如今機會顯現，可以丈量給你的人類同胞看。因為，神曾經說過：「你們既然那樣對待最卑微的，我的孩子們，就等於那樣對待我。」

因此，在你的步伐中，要熟悉主。要暗地尋求，讓神正確地認識你。於是當你在你的內在自我之內靜心，默想著日復一日，你該丈量你的步伐的哪一方面、哪個地方以及如何丈量時，那些答案將會出現。因為，正義與慈悲、平安與和諧是神的禮物，賜給尋求祂的面容的人們。神曾經說過：「你若愛我，要遵守我的誡命。」神的誡命不是難以忍受的，也不否定你的任何影響力，不否定任何將在你自己的經驗中促成喜樂的物質事物，而是要在你自己的經驗中促成慈悲、平安、公正、和諧的果子。

因此，要遵循設置在你面前的那些道路，知道神必會呼喚你的名字。而且祂所指定的，會在祂的眼中得到救贖。何況除了自我，沒有什麼好懼怕的。因為，曾經開示過：「我完全相信，在天堂、在人間、在領地或權力之中，沒有東西可以分離靈魂與天父的愛，除了自我可能加諸在自我或人類同胞身上的剛愎、猶豫、刻薄。」

謹守此道。餵養祂的羊。照管祂的羔羊，那些在你的道途上的羔羊，那些你日復一日遇見的羔羊。讓你自己的光發亮照耀，讓他們可以知道，你時常與你的神同行、交談。

靈魂的才華是一把雙刃劍

解讀4087-1號談到訓練孩子；但也談到每一個人面臨的挑戰，包括試圖發揮自己生命中的潛力，或是幫助他人實現生命中的潛能。這是輪迴轉世如何運作的另一個絕佳實例，可以教導我們何謂自己的人生，尤其是關於我們的才能。

凱西為孩童們給出的許多人生解讀，都是他最迷人的解讀。這個六歲男孩有某樣東西非常特別，他的父母親在一九四四年求助於凱西。由於鋪展在男孩眼前的人生是如此的充滿可能性和希望，所以過去和未來才能因為凱西洞悉靈魂深層模式的能力而齊聚一堂

從背景說明中，我們對這個男孩及其父母親求助的原因有些許的了解。幾起事件促使這對父母親相信，男孩是一個不尋常的靈魂，具有非凡的通靈才能，而且他的能力為這個家庭帶來了有趣的挑戰：他如何才能實現自身靈魂已被選定的人生目的，同時仍舊過著正常的生活呢？由於當時這對父母親在婚姻中遇到麻煩，導致此一挑戰益形複雜，事實上，許多段解讀都是針對父母親，而不是這個男孩。

凱西首先證實男孩的通靈經驗，同時立即指出，他不只一個前世曾經有過同樣的能力，甚至簡要描述了這個能力如何在他內在運作，從而產生預知（「看見即將到來的事物」）或靈視（「正在發生的事」）。觸發的機制是又名「生命力」的「亢達里尼」（kundalini），位於第六中心（松果體中心），從第二中心（凱西有時稱之為「萊登」中心，與間質細胞相關聯）不由自主地升起。

支配男孩的自發事件是一條途徑，造訪印記在他靈魂上的古代模式，尤其是與《舊約》相關連。凱西描述了一個非常具體的前世，甚至在〈列王紀上〉（*I Kings*）第十三章提到過。首先，些許背景將有助於我們詮釋凱西的建言。

基督誕生前一千年左右，所羅門王（King Solomon）剛去世，耶羅波安（Jeroboam）成功領導了一場起義，十個北方部落因此建立了自己的以色列王國，耶羅波安成為第一任國王。耶羅波安為了阻止人民前往耶路撒冷朝拜，便在本地設立聖壇，其中養成的許多膜拜儀式皆與猶太教不同。在這樣的背景下，一位匿名的先知（根據凱西的說法，就是這個男孩）與耶羅波安當面對質。先知用來證明他是上帝的代言人的神蹟是：有能力使王的手乾枯然後又復原。

這位先知（這個男孩）的問題是該要信任誰。他受到神的啟發而與耶羅波安當面對質，在這個使命中，他同時得到了他並沒有執行的其他具體指令。一個同樣自稱是先知的人對他撒謊，說服他漠視那些指令，導致這位先知男孩慘遭毀滅及橫死（見〈列王紀上〉第十三章十五至二十五節）。凱西的建言是：「……他不是要來聆聽那些人告訴他該如何使用那些……的能力……而是要信任主，主就是道。」顯然，這個男孩的靈魂仍然有可能誤入歧途。

然後凱西提到另一世，男孩的靈魂誤解或誤用了他的超自然天賦。再一次，凱西確認這男孩是《聖經》人物轉世，而且這次又是一個相當次要的人物，但在一則極富教育意義的故事中扮演關鍵角色（詳見〈使徒行傳〉第八章十八至二十四節）。一個男子名叫西門，住在撒馬利亞（Samaria），他很想要像彼得和約翰一樣，單是按手便具有治癒的力量。他提議向彼得購買那份力量——在如今商業化的年代，這事觸到痛處，令人不快。關於靈性天賦與金錢，這個靈魂學到的教訓，適用於凱西自己的人生，也適用於男孩的人生。

這些六十年前的述說故事，在今天教導我們什麼呢？這些告訴我們正確使用自己的能力，以及我們如何攜帶了前世的能力來到今生。才能不需要像這個男孩或某個《聖經》人物那樣戲劇化；輪迴轉世、業力、靈魂成長的法則，同樣為每一個人運作。

執著於任何才能是某種誘惑。想想你自己的才能，也許你有藝術、經濟或清楚說服別人的才能。或許是理解他人感受的才能或是解決問題的本領。在落實來此人世間的實際作為方面，如此才能的確會扮演重要的角色，就像這個男孩的通靈能力一樣。

成功幫助這個靈魂在今生好好成長的一個關鍵是：體認到有可能誤用才能。那不需要特別憶起前世；我們唯一需要做的是，培養對自己靈魂模式的敏感度，要去感受在應用才能時，橫擋在路上的小小誘惑。凱西並不是故意嚇唬這個男孩或我們，讓我們不敢發揮自己的天賦。他只是希望這個男孩和我們都記住，天賦禮物也可以是一把雙刃劍。

解讀

這篇通靈解讀4087-1號，

由艾德格・凱西於一九四四年四月十五日給出。

引導人是葛楚・凱西。

葛楚：你將給出這個存在體和宇宙以及和宇宙原力的關連；給出今生人格的潛在和外顯條件；還有在地球上出現過的前世，給出時間、地點和名字，以及存在體的發展在每一世是頗有建樹還是延遲倒退；給出眼前存在體的能力，可以達到什麼境界以及如何達到。當我詢問時，你將會回答這些問題：

凱西：是的，這裡有現在名為或叫做［4087］號的存在體的紀錄。

我們發現，在成長的那些年間，對於這個存在體的訓練和方向有很大的可能性，但也會遇到很大的問題。

因為我們發現，這個存在體不只一次成為天生具有所謂千里眼或第三眼超級活躍的那種人。所以，每當萊登（間質細胞）中心有開口，以及有亢達里尼原力升起，沿著松果體，我們發現，就會看見即將到來的事、正在發生的事。

然而，在透過某些經驗使用這些時，我們會發現，這個存在體是在當下「遇見它自己」。因為這個存在體是警告耶羅波安的先知。讀一下那段故事吧！你就會明白，為什麼他不是要來聆聽那些人告訴他該如何使用那些——過去是現在也是這個存在體的部分經驗的能力；而是要信任主，主就是道。

不要脫離教堂！在教會中繼續這些活動，可以讓自我有信心，知道必須面對或處理的只是如何運用這樣的洞見、這樣的視界榮耀天父，就像顯化在聖子身上的。

不要把這樣的能力用在取悅、滿足乃至鼓勵這個存在體發揮這類能力，而是一定要訓練這個存在體好好發揚神的目的、神的渴望。因為，如果目的和渴望是對的，我們就會發現，這個存在體可以——跟今生之前的那次經驗一樣——利用這些活動造福人類同胞。

因為發揮已經是這個存在體的部分意識的力量時，可以幫助到許多人。

在今生之前的那次經驗中，這個存在體試圖向彼得購買那樣的能力。因此，那份趨勢，那份了悟，明白同樣的誤用可能會將毀滅力帶進今生的經驗。

在那次經驗中，這個存在體被警告了，當他問道：「對於這類力量可以購得的想法，我祈求可以得到原諒。」他被寬恕了。因為神開示過：「你在地上所禁止的，在天上也要禁止，你在地上所准許的，在天上也要准許。」在那裡，我們發現，這個存在體透過那次經驗，將透過如此過程得到授予的能力，用在更大的理解、更大的詮釋。因為凡是個人可以認出的神，都已經在自我裡面。重點在於在自我裡面應用和實踐所知，在於與它的欲求、它的希望、它的恐懼的關連，以及與它的人類同胞的關連。因為種瓜得瓜，種豆得豆。

在那之前，這個存在體是猶大的先知，被派來警告耶羅波安，他也造成耶羅波安的手枯萎，然後也治癒同一隻手；然而在面對頭腦說「更優的方法」時，他卻偏離了。

沒有捷徑。神的吩咐是真實的，因為主的律法是完美的，它轉化這個靈魂。

在此，父母有一份真正、實際的義務，他們有一個真正、實際的機會。所以要活在自我之內，俾使你們自己的生命可以在這個存在體成長的那些年成為楷模。所以要教導，不要假手他人——要好好教導，因為這是你們的責任，不是神職人員、不是某位教師的責任，不是牧師的責任，而是你們的責任。不要推諉，不要忽略，否則你們將會再次「遇見自我」（meet self，譯註：這是凱西解讀中關於人與人之間一個極具挑戰性的概念，指出人與人之間並沒有所謂的「報應」，報應只存在於自己的記憶中，是自我報應）。

訓練時，要先從自我開始，存在體[4087]也一樣。應該要召喚約瑟。讓訓練的開始如同〈出埃及記〉第十九章五節所示：「如果你願意聽從那聲音，祂就有一份特殊的工作、一份特殊的使命給你——但你必須聽從內在的聲音，要將你的身體當作活生生的祭品，聖潔而恰當，獻給神，那是合理的事奉。」因為曾被召喚的人，曾被任命為使者的人，有更大的責任；不是像聖徒一樣——因為對於一個罪人，天堂有更多的喜樂，勝過九十九個所謂的聖徒，或是滿意自己作為的那些人。

所以，研究〈羅馬書〉的詮釋。你將會發現，那不是來自其他地方，不是突如其來，不是來自海外，不是來自祭壇前。因為你的身體確實是聖殿，在那裡，人可以真正遇見他的造物主。

人確實可以在那裡遇見他自己，確實可以在那裡打開他自己的意識大門，讓大師可以與他同行和交談。

在學會第一批功課之前，不要洩氣，不要鼓勵那些異象視界。

所以你們，以及其他人，一定需要留意這個存在體可能被派來給出的那些警告。

現在解讀完畢。

總結

凱西談輪迴轉世與人生目的

凱西對輪迴轉世的理解與猶太基督教傳統有一定的相容性。一連串的生生世世使靈魂有可能邁向與神合一，同時為自己的選擇負起責任，並在物質生活的環境中不斷「遇見自己」。根據凱西的說法，業力不只是待償還的債務，更是靈魂記憶的問題，甚至是儲存在無意識心智中的記憶。我們往往重播舊的記憶並重複舊的模式，直到我們的自由意志有意識地決定創造新的思考、感覺和行為模式為止。如實憶起前世的細節並不是重點；與其因前世的細節而分心，更好的方法是：聚焦在現世的挑戰和機會，用輪迴轉世作為工具，理解一切如何且為何因某個原因而發生。

凱西輪迴理論的另一個重大面向是，靈魂來到物質世界的每一生都有一個使命，其中包括努力協助將自己蛻變得更美好，以及努力將世界轉化得更美好。找到和運用靈魂的才能是關鍵。凱西建議，藉由自我研習，我們可以憑直覺知道靈魂的目的，甚至可以明確有力地表達個人的使命宣言。

第六章

靈魂發展與靈性成長

在描述靈魂的成長時，凱西有時遭到批評，因為欠缺世故老練，省略了深奧難懂的法則，以及太常仰賴靈性基礎。但是，假使我們還沒有準備好處理那些基本原則，難道準備好處理詳情細節了？當然有更複雜的方法，定義靈魂的使命及其靈性演進路上的步驟。事實上，凱西有時候做的就是那樣的事，而且在某些解讀（那些真正比較精要的凱西解讀）中，他幫了我們一個大忙，剝去形上學，把焦點集中在該採取什麼步驟才能在靈性上取得成功。

在本章中，我們探討凱西眼中靈魂發展的核心。我們從了不起的518-2號解讀開始，清晰有力地解決了是什麼真正促使生命變得有價值這個問題。人生中偉大的本質是什麼呢？凱西明確地表示，生活的基本目標是培養「人生的存在之道」，那是一種對神、對他人敞開的方式，同時藉由成為他人的祝福，找到最大的意義和喜樂。

接下來，我們概述凱西為個人和團體研究開發的一連串靈性成長系列，即「探索上帝」，許多人認為這是凱西教導的核心和靈魂。儘管瀰漫著南方新教而非其他傳統的語言，但蘊含的智慧仍是普世通用的。這是一門要求很高的強大課程，可以喚醒自己內在更高階的意識。

什麼是偉大？

現代世界促使我們相信，偉大存在於惡名昭彰中。如果某事眾所周知、被廣為宣傳或是成為日常會話的一部分，那麼這事必定很特殊。對於「偉大」（greatness）的定義，凱西提出的不過是：好好活出此生。對他來說，所謂有價值的生活，就是謙遜地完成服事。

這個主題貫穿518-2號這整篇心智靈性解讀，解讀對象是正在尋找更深層人生目的感的一名二十五歲女子。在十八個月前，凱西曾經給了她一篇充滿前世情節和建言的人生解讀，那令她大感困惑。「我覺得我的人生解讀很精彩，但我不明白為什麼。」她後來寫信給凱西。這第二篇解讀就是為了釐清之前的第一篇，它漂亮地陳述了支配靈魂成長的普世準則，尤其特別強調帶著有耐心的謙遜執行充滿喜樂的服事。對某些學者來說，談到人類生命的目的，第四段是凱西最精闢的闡釋：那是一趟邁向變得有意識且得到淨化的旅程，如此，我們才能夠成為造物主的同伴。

518號女士一定是被這些情感啟發了，但她八成還想知道，如此崇高的想法如何融入她所面臨的那些比較平凡的問題。第一次解讀時，她說她對自己的職業選擇感到迷惘。第二次解讀時，凱西的焦點不是職業生涯，而是可以促使靈魂發展的「生活之道」，不管她走的是哪一條職業道路。如此強調生命之道可能會使我們想起「道」。凱西版本的「道」，著眼於滿懷喜樂的服事，而不是自我利己的欲望。

什麼可能會妨礙服事以及服事帶來的成長呢？以傳統神學語言的角度，就是：原罪。由於原罪帶著諸多包袱，許多人都不想認真探討這個概念，而凱西卻直接面對。自私、怨恨、憤怒是這名女子的靈魂模式，那掌握了她的靈性本體——她的個體性，也可以稱之為從神分離出來的那個「我是」（I AM）。凱西還告誡有另一個障礙——聚焦於個人滿足的「任性」。我們每一個人都必須防範這樣的自私，即使是今日，也跟凱西的時代一樣重要。一旦「刻意背棄」自己的靈性機會，特別是在社會關係中的靈性機會，我們就偏離了靶心。518-2號解讀帶著那份清晰的警告，返回到比較充滿希望的主題，尤其是那份莫大的喜樂，可以臨到凡是努力提升他人意識的人身上。

凱西甚至提出一段兩部分的陳述，談到什麼造就人生中的偉大：那是奠基於知曉「你可以認識到上主和祂的良善」；而且含有服事的成分，我們「因你的服事和你的活動，成為在人類同胞面前的信使。」請注意，服事（service），無論多麼有耐心或多麼謙遜，都不是孤立無援的，其脈絡來自於知曉和理解。你是否曾經無意間在某次考慮不周的服事努力中造成弊大於利的結果呢？沒有知曉和理解，你將無法達成你所期盼有所裨益的結果。

解讀

這篇通靈解讀518-2號，

由艾德格．凱西於一九三五年八月十三日給出。

引導人是葛楚．凱西。

葛楚：心智和靈性解讀，給出最初進入這個太陽經驗界域的目的，要追蹤從一開始穿越各個經驗階段的心智和靈性發展，同時指引這個存在體需要喚醒心靈的靈魂能力並運用這能力，才能達致今生的最高階靈性發展。當我詢問她所提出的問題時，你將會一一回答。

凱西：是的，我們掌握到這個存在體以及這個存在體運用心智力和靈魂力的那些經驗，那些可以應用在目前的經驗裡；可以促使目前的經驗成為必要的，幫助存在體的發展，同時帶來達致這層理解所必須的那些影響。

在追蹤這個存在體的經驗，以及在給出目的、目標、渴望時，要將這些設定成法則；或是設定成應對任何這類情況的理想方法：

首先，每一個靈魂來到人世間，為的是這個靈魂可以愈來愈覺察到或意識到內在的「神性」，明白靈魂體可以被淨化；可以在它的活動中成為契合的同伴，享有「創造原力」的榮光。

所以，這個存在體的活動也一樣，它可以擁有這個機會。因為曾經開示過，上主不願任何靈魂滅亡。而且，面對每一個誘惑，上主都準備了相應之道；如此，假使犯錯的人求助於祂，就可以找到方法。

所以再一次，經驗在地球上露面的前世時，不要尋找或探求沒有目的、目標的經驗現象。要運用那些經驗作為標準，判斷什麼該做、什麼不該做。並不是說，單純的經驗造就或設定了什麼永久的東西！因為我們眼前有不斷的變化作證；一直到這個靈魂已被洗淨為止，透過那個過程，這個靈魂才算在它的身體中、在它的聖殿裡，憑藉與其人類同胞在關係中已行動、已說出、已想過、已欲求的風格經驗到了！

不要在自私中，不要在怨恨裡，不要在憤怒中；不要在任何促使「我是」與創造原力、或能量、或與神分離的那些事物裡，而是要簡單、溫和、謙遜、忠誠、堅忍、有耐心！這些是屬性，是靈魂在人們面前行走和活動時察覺到的那些事物。不是要被人「看見」，而是那份愛可以被顯化成天父已經透過聖子展現的事蹟，以及天父每天顯現在地球上的一切。於是，神保有那筆贈予，於是，神保有那些條件，讓個別靈魂可以——如果願意遇見內在或向內探尋——確實發現神永遠臨在。

這個靈魂，這個個體，故意、刻意地背棄這些事物，選擇滿足自我的欲望，於是背棄了活生生的神。

並不是說不要喜樂、歡愉以及促使每一個靈魂在經驗時不感到害怕的那些事物。而是，要在服事時喜樂，在為人類同胞勞動時喜樂，在給出自我時喜樂，於是那些透過你微弱的努力，可以擺放在他們的面前，可以在他們的意識中開始覺察到，你就這樣陪伴，這樣將上主的律法納入心中；於是你天天與神同行。

然後你說，你進入人世，忙於這次特定的經驗，目的是什麼呢？你可以在你的內在自我之內，更加認識到上主和祂的良善，透過如此的知曉，你可以因你的服事和你的活動，成為在人類同胞面前的信使；成為指路的人，成為那個人，透過微弱的辛勞和努力，透過時而蹣跚的步伐，不斷嘗試，企圖去做，帶來上主之內的良心，一直督促你且確實督促你要去完成的事。

至於你的音樂，你的雙手可以從中帶出和諧的意識，那是憑藉每一個靈魂在活動中的振動創造出來的；靈魂也可以各自懷著希望；也可以只是仁慈、只是溫和、只是有耐心、只是謙遜。

並不是說，上主之道如同號角鳴放，也不是說，如同祂的鐃鈸叮噹作響；而是在靜止的細小聲音中，在黑暗的時刻，那促使內心輕盈歡喜，那將慰藉帶給受苦受難的人，那用剛愎執拗成就耐心，那令飢餓的人——在身體中，在心智裡——能夠被餵食生命之糧；透過你的努力，他們可以痛飲生命之水。

這些是目的，這些是帶進內心裡和靈魂中的經驗，回應那個吶喊：「為什麼——為什麼——我進到這樣的經驗？」

你要有耐心；要安靜且看見上主的榮光，在那之中，你可以日復一日努力不懈。

今天，要完成你知道該做的事！然後將結果、獎勵、效應，交付在神的雙手中。因為祂知道你的心，而且祂已經召喚了——如果你願意傾聽。

「探索上帝」與靈魂的發展

艾德格．凱西於一九三一至一九四二年間給出的一系列一百三十篇解讀，是他提出過最接近靈性成長課程的解讀。這些解讀原本是提供給——一小群最接近凱西且想要更加了解如何開發自身直覺和靈性意識的支持者，但後來卻變成了全球各地小組與個人學習和研究的依據。

這門課程並不像——比如說數學或外語課程那樣，明顯按照特定的順序。雖然有截然不同的每一課，但每一課都有四或五篇解讀針對提出的靈性特質詳盡闡述其含義，凱西往往從某個獨特的角度看待一個主題，例如在他的觀念中，「耐心」是更多的投入參與，不只是「順從地等待」，因此涉及靈魂在物質世界經驗到的三個基本維度之一。

下述文章十分簡要，很難據此對「探索上帝」做出公正的評價，但你肯定可以親身感受一下，粗略了解這一系列二十四課當中前十二課的精華，以及搭配這些的評註。

1. 合作

從合作展開靈性成長之路，這可能看似奇怪，但如果我們考量到，沒有合作可以完成的事著實不多，那就言之有理了。除非團隊成員合作，否則沒有團隊。在個人層面，除非自己的各個面向學會合作，否則就沒有身體上、心智上或靈性上的健康。

就真正的本質而言，合作是不讓自我本位的自我感掌控局面。這當然不容易，卻是邁向自我理解的美好起點。

在與他人的關係中，要放下任何優越感、以為你知道的比別人多、你的私下盤算比較重要。正如談「合作」這一課說的：「無論發現社會呈現什麼狀態，且讓我們依據社會自身的層次與其相會；當我們向上看，便把社會往上提升了。那就是合作。」但合作不只是中途與人們相遇，更是一次機會，成為他人的「祝福管道」。

問：在能夠合作之前，我們不必先奉獻自己嗎？

答：合作正是奉獻自我，成為活動、意念的管道；因為一行行經文、一道道戒律會透過自我的給出而出現；因為要擁有生命的人必須給出生命，要擁有愛的人必須帶著愛展現自己，要擁有朋友的人必須是友善的，要擁有合作的人必須好好合作，藉由自我的給出，達到任務完成——不論是為他人帶來光明、氣力、健康、理解，這些是同一個，都在神之內。

262-3

2. 認識自己

下一步是誠實的自我評估。但認識自己這則古訓不只是靈魂成長道路上單一的一步，而且是要持續不斷的。如果沒有自我觀察，在繼續邁進至後續階段時，我們肯定會成為自我欺騙的犧牲品。

認識自己需要誠實坦白。除非你可以忠於自己，否則你無法忠於另外一個人，或是忠於神。如果不忠於你的自我，那麼個人鮮少能夠誠信完善。

凱西提出這個極具挑戰性的實驗：「站到一旁，留神觀看自我經過。」這不是邀請你體驗靈魂出竅，而是指出一個內在的過程，有一個人的意志和關注陪伴，是一份「正在觀照的意識」（witnessing consciousness）。甚至更具挑戰性的是，客觀且不評斷地觀察你自己內在的意念和感覺，那是他人看不見的自己。

問：我該如何學會如實地認識自我呢？

答：能夠在一定程度上，如實地站到一旁留神觀看自我經過！偶爾要花些時間充分反思自我與他人關連時可能發生的事，要看見他人的反應，看成是自我的作為造成的；因為確實——有人說過——沒有人只為自己活，沒有人只為自己死；因為氣流流動引發人類自身在這些物質事物中無法避免的力道，於是那些自我之內的力道，也同樣作用在我們影響到的那些人身上。所以，能夠像他人看見你一樣看見自我；因為，正如開示過的：「此刻我們所知有限，到那時就會全知道，如同天主知道我們一樣。」所以，在祂之內，讓你的生命是在祂之內、在意念中、在行為裡，「你們認識了我，也就認識了天父。」其實說的是自我。要站到一旁，留神觀看自我經過！

262-9

3. 我的理想是什麼？

關於個人成長，「理想」是凱西視界的核心，難怪他會在「探索上帝」系列中，提早釐清一個人的理想。

區別「理念」（idea）和「理想」（ideal）很重要。「理念」源自於我們的物質生命的經驗和我們的人格。相較之下，「理想」臨到我們——也就是說，如凱西所言，理想不是「人造的」——來自我們靈魂內部的深處，隨著我們的無意識生命開始攪動，緩緩地向我們自行揭示。當我們經驗時，一個理想選擇了我們，而我們也選擇了那個理想。如果我們關注這個覺醒，滋養它，期盼它更全然地浮現，那麼我們就接納了一份靈性理想。

是什麼樣的理想，讓凱西特別鼓勵我們要去關注、滋養且充分全然地邀請它進入我們的生命呢？那是完整圓滿、一體的、合一的理想。個別靈魂非常獨一無二，它永遠不可能成為整體；換言之，它永遠不可能成為神。但它可以努力成為與神性合而為一——凱西告訴我們，我們可以「達到那樣的理想」。

儘管在達到這個「太一」的方法中可能有許多的理念，但以理想為宗旨，這些區別就不見了。所以，一個理想，不可能，不應該，也不會，是人造的，而且一定是出自靈性的本質——因此，它的根基在於「真理」、在於「神」、在於「神格」，因此可能有某個個人不斷伸手探索，無論那是被應用到肉體生命、心智生命或靈性生命；因為知道那個首要法則，知道神給人的恩賜是一個可以與祂合而為一的個別靈魂，而且可以知道自己能夠與祂合而為一，然而本質上卻是個別的、具有整體的屬性，卻不是整體。概念必須如此，理想必須如此，無論那是來自人的想像體、心智體、肉身體或靈性體。每一個人都可以達到那樣的理想，然而絕不是變成那個理想——而是與理想合而為「一」，且那樣的「一」是被設置在祂之內。

262-11

4. 信心

質疑「信心」（faith）、「相信」（belief）和「懷疑」（doubt）對靈性成長至關重要，幾個世紀以來，神學家們不斷爭辯這些。雖然「相信」和「懷疑」是同一枚硬幣的兩面，但「信心」卻存在於這兩者的來回極性之外。

只要我們將靈性追求局限在已經相信的事物，就永遠跳脫不了物質性的框架。表意識的人格（**conscious personality**）在存在於人生的某些真相中擁有既得利益，如此才能緊緊抓住它的世界觀。往往一個人的「相信」非常強大而持久，於是顯現出真理的面容。

但「相信」總是吸引到它的反面：懷疑。「懷疑」驅動分析的心智，且是科學方法的依據，它只用物質實相的角度看待人生，邏輯心智的合理性是懷疑塑造的。

另一方面，「信心」是體驗看不見的人生實相。「信心」是個人直接與人生的非物質面相遇，而有信心是靈性道途上至關重要的一步，如果我們沒有感覺到與某個靈性理想有所連結，那就是艱難的一步。當一個人經驗到信心的力量，相信和懷疑就變得無關緊要。

問：請舉實例說明：「大部分的人說他們相信，但請立刻解釋一下，這在心智源頭而不是在物質源頭中的含義。」

答：剛才概述過，信心如何誕生成為聖子的一個屬性——在聖子之內，信心被放大，進而促成那些活躍的意志力，以及靈魂的成長。因此，如同所見，個人會說：「是的，我相信——但是」，「但是」意謂著存有那份懷疑，意謂著，要比較一下某個個人、好些個人，或這些人的境遇、何時、何地或是如何，意謂著，個人嘴巴上說相信，行事作為卻彷彿相信並不存在！於是，為自我製造那份懷疑、應用於自我，帶出信心的反面，不然就是在表意識心智裡面蘊釀信心的反面，展開必須靠物質意識屬性回答的功課，透過那些身體的感官尋求實證，有利於對物質存在的覺知；然而，誠如所見，這些是因人而異的方法，觸及個人經驗中那些不同的狀況或境遇。

262-15

5. 美德與理解

在今天的世界，美德幾乎不是流行用語，聽起來有點與現實脫節。凱西試圖恢復美德，他提出，一旦找到人生目的，美德就是我們帶出人生目的的誠信。沒有美德，我們永遠不會因為理解自己的人生目的而真正成長。

一旦開始了解自己的靈性理想，我們才可能真正有信心，真實感知到非物質面。但我們該怎麼做才有能耐直接經驗到靈界呢？畢竟，我們仍然必須生活在物質界，面對物質界的實際要求。有了美德，我們能夠持守住被信心激起的感覺和洞見；我們能夠維持目的和意圖的誠信。而有了誠信，理解開始綻放，理解到物質界和非物質界何以都是同一個整體的一部分。

問：請開示我們需要什麼，才能理解並開始操練我們的下一課，針對「美德與理解」下功夫。

答：開始研習這一課時，小組的每一個個人，或是研習這一課的學生們，不妨複習一下，之前為了研習現在要在這類學生們面前設定的屬性而講過的課程。一開始談到的，就個人而言是與團體合作，或者，針對兩個以上懷抱同一心意或是同一目標，或是同一目的的個人來說，則是協同一致的努力。有鑑於那樣的合作，要理解，或是深入檢視自我，同時好好準備自我。然後是活用已經習得的，然後是存在體用來接近每一個個人內在種種力道的依據，於是可能會出現那些工作，那是透過那股信心的活動，參與個人的活動。然後這一課就此展開：增強你的信心、美德和理解。所以，研習這一課時，要把美德當作標準，有了美德，就要用你的信心積極服事；因為自我的心智、物質和靈性自我的美德若是不純粹，可以出現的理解便少之又少。

262-18

6. 同胞愛

經驗過信心，擁抱了美德，現在我們可以透過「同胞愛」（fellowship）與造物主建立個人的關係。雖然有些人認為「同胞愛」涉及他人，但凱西改用「兄弟情」（brotherhood）一詞，將「同胞愛」保留給我們與神的關係。在262-22號解讀中，凱西被問到：「請解釋同胞愛和兄弟情之間的區別。」他的回答是：「一個之於神，另一個之於人。」

當然，這兩種經驗息息相關：同胞愛，是個人與神的關係，讓我們能夠對他人表達愛。而且愛的展現使我們記起，我們與自己內在的神性有實質的關係。

問：沒有真實的同胞愛，人類之間會有兄弟情存在嗎？

答：同胞愛是第一份兄弟情，兄弟情是同胞愛的模式或影子。因為，之前提過，一個人看見顯化在物質世界的一切，都只是現實或靈性生活的映像或影子。所以，兄弟情是同胞愛的表達，而同胞愛存在於靈性生活中。

262-23

7. 耐心

先前見識到，耐心在凱西的教誨中至關重要。他將耐心視為衡量人生經驗以及時間和空間的基準之一。事實上，耐心是針對在時間和空間中發生的事，量測我們對其「目的性」（purposefulness）的理解到什麼程度。

無論如何，耐心是內在的品質。雖然外在是用時間（何時發生）和空間（發生什麼事、在哪裡發生）來量測經驗，但耐心是比較不著痕跡的：它意謂著心領神會，讓我們能夠經驗到凱西所謂「目標明確的人生」。我們能夠以他人為重（「更看重對方」），即使在那些惹惱我們的行為當中，也能夠見到神的本質。難怪我們發現凱西常說：「耐心使你覺察到自己的靈魂。」（1747-5）

問：在學習「耐心」這一課時，請告訴我們，該如何克服日常生活中不斷折磨人的小麻煩。

答：神開示過，尋求，就會知道，每一個情況下，都有「安慰者」（Comforter）在場為你說話；因為，神說過：「我不會撇下你們為孤兒。不要害怕。」要生氣，但不要犯罪！因你的理解而贏得祂永遠在場陪伴你，在一舉一動中，一言一語裡；因為每一個意念必定是有憑有據，而且在恩典中——神的恩典是充足的——必有為目標明確的人生持續不斷、虔誠禱告的態度；同時忘卻自我，看重另一個人勝過自我，要在神之內失去自我。這些必會回應。不是作為外在的成長，而是作為內在的成長——那造就有耐心發光照亮的靈魂之美。

問：當我們的發展達到——不再看見接觸到的人的缺失時，是不是就可以說我們有耐心？

答：當我們就連在他人的缺失中也見到我們所崇敬的神，那我們就來到耐心的開端。

262-24

8. 敞開的門

對普世「基督意識」的解釋以及對耶穌生平的描述，乃是凱西教導中最為精要的部分。下一章「密傳基督教」探討了凱西基督論的各式元素。不管怎樣，「探索上帝」特別聚焦於一個元素：基督的意象是作為「敞開的門」。求道者必須運用自由意志打開那扇門，選擇生命而非死亡，然後允許基督意識進入。

深思一下那扇門。它允許在不破壞的情況下穿牆而過。那道牆保護我們，但我們需要穿過牆，才能進出。如果把門套用在人性，就可以看見有限與無限之間有一道牆。普通人無法忍受那道牆被消滅，因為無限可能是令人不知所措的，而人若缺乏足夠的智慧，則可能用得自私、用得狼狽。這扇門允許我們有選擇地經驗無限，不至於被無限吞沒。

然後翻到〈申命記〉（*Deuteronomy*）第三十章，你們將會讀到：「今天，擺在你面前的有善與惡、生與死，你要選擇。」所以，自我之內的意志是你的造物主、你的創造者的恩賜；讓你可以理解並接近祂，將你的信任、你的希望交付在祂的雙手中。因為你的弟兄，其實是成為基督的耶穌——藉由祈求，藉由奉獻他自己作為犧牲，使人類有可能透過他接近神——曾經應許過：「我站在你的心門旁，你的意識之門。如果你打開，我就進去，如果你願意聆聽內在那個仍舊細小的聲音。」因為你的身體是永生神的聖殿，而且祂應許過要在那裡見你。你可以在那裡找到答案。你有那個能力。你願意聆聽嗎？

3506-1

9. 與神同在

在「探索上帝」中，我們可能會期待，一「打開門」，便覺知到神的臨在。凱西提出，我們不可能時常感覺到神性的臨在，如果只是「把它當作身外之物」——也就是說，我們將神物化成一個與我們分離的超人，而不是寓居在我們之內且遍及周遭的存在性（beingness）。

所以，如何才能更加敞開呢？雖然答案因人而異，但釋放自己的部分擔憂是一個很好的起點。憂心的頭腦是一大障礙；它砰地一聲關上了那扇敞開的門。我們反而一定要滋養人生中的喜悅和歡樂，即使是在面對逆境時。

問：請詳述，我們如何領悟到祂的臨在。

答：之前說過，這層領悟的大錯在於，祂的臨在被當作「身外之物」。神希望，萬有應該要開始明白，祂的臨在與萬物常相左右。因為做著那些事，幫助使神的臨在遍布人世間的屬性，融入我們的存在的每一個原子當中，我們開始明白和意識到這點；於是在做著這事的過程中，我們開始了解到祂的臨在。

問：請詳述我們該如何準備自己，才能安住在祂的臨在中。

答：這裡提到的內容會偏向個體的經驗；因為在自我的準備過程中，有各式各樣的意識，而且對某人可能是必要的東西，對另一個人卻是次要的……當我們可以經驗到持續與神同在時，那些果實是什麼呢？憂傷消逝，喜樂取而代之……所以，當你持續與神同在，儘管可能出現各種考驗，儘管眼淚可能流出，因為自我裡面那些肉體的力道崩潰了，但「靈」卻變得快活……

262-33

10. 十字架與冠冕

在「探索上帝」系列的前十二課，這是大家最難以理解和應用的一課。或許如此艱難是因為，就像任何的靈性轉化系統，它要求我們交出自己對世界的看法。我們必須交出自己的恐懼和自己的規劃，才能取得我們認為自己想要的東西。

為了描述這個「放下」，凱西運用《聖經》的「十字架」意象，不過許多傳統的古老智慧裡都可以找到同樣的法則。「冠冕」則是在我們放下時出現的新意識。

每一個人要在各自的人生中、自己的經驗裡，找到自己的十字架，戰勝世界，戰勝那些事物、那些狀況、那些經驗，那不僅使他們能夠應對人生的課題，更可以與神一起成為「榮耀的冠冕」的繼承人。

所以，榮耀的冠冕（Crown of Glory）是什麼呢？難道這只說明與靈性生活相關的那些事物、那些狀況嗎？難道那番戰勝賦予了權威嗎？難道那番戰勝促使這位人子（Son of man）成為上主、榮耀、生命的冠冕嗎？

的確，祂成為每一個人的模式，使道途清晰，使道途敞開，每一個靈魂——當它遭遇十字架、承受誘惑並戰勝誘惑時——都可以成為繼承人，與祂共同繼承榮耀的冠冕；帶著現世的力量、心智的力量、靈性的力量，成為神的子女，如同許多人所謂的那樣——而且全都實現身為個體的他們，蒙主呼召的目的——且以那樣的方式繼續於自己裡面戰勝、應對、承受。不是在悲傷中，不是在哀號裡，而是在主的喜樂當中。

所以，第一個神蹟可以被賜予——賜給凡是已經遇見了十字架，已經承受過的許多人，神蹟被賜予了，使他們有能力——無論在什麼情況下發現自己遇見自己的十字架——在主的喜樂當中那麼做，幸福和喜樂結伴相隨。

262-36

11. 主，你的神，就是太一！

「探索上帝」從頭到尾強調的特質之一是，生命的相互連結。這一課的重點在於，探討如何看待我們的物質生命，以及如何嘗試務實地生活，同時應用已經汲取的內在功課。

這裡的挑戰在於讓人生的各個面向和諧運作。工作、婚姻、朋友、健康，可能會將我們拉往不同的方向，而搶時間和省氣力也可能使我們淪落到缺乏誠信和一致。其他時候，這一課的困難在於，如何調和我們內在的價值觀，使之與商業和人際關係等外在成功的要求和諧共存。

凱西在這個系列中，以及為一名三十五歲律師所做的這類個人解讀中教導我們，神是我們經驗一切人事物的源頭。如此看來，真的有可能整合我們人生中各種不同的元素；事實上，正如凱西常說的，這甚至是我們與生俱來的權利。

問：我是否心性懶散，你能否建議我，如何才能最好地激起我的心智能量，幫助我活出充實的人生，包括我的婚姻和事業？

答：我們現在主要關心自我，還有事業；因為當生命自行調整時，婚姻關係、事業關係、物質關係和靈性關係都是「一」以貫之，而且那應該是每一個人都會在生命中經驗到的。當人生被打造成這樣的風格時，生命是「一」，所有意念是「一」。於是也就知道如何使事業關係不僅有趣，而且有價值、有幫助、有利可圖；然後基於那個法則、那個政策，將促使人生各個領域的那些關係，成為不是空想而是實相；因為生命是真實的，生命是誠摯的！墓地黃泉不是目標；因為生命是「一」！就在神之內！不要因俗事俗務而丟失了你在神之內與生俱來的權利。

912-1

12. 愛

愛是「探索上帝」前十二課的頂點，它是完成前十一課所有內在工作的產物。然而，愛不只是建立個人的關係，更是完整的生命之道。凱西在下述段落中渲染詩意，描繪了一幅充滿愛的人生。

凱西：是的，這個小組聚集在這裡，既是群體，也是個人——還有他們準備「愛」這門功課的工作。

研習這一課時，每一個人都可以找到目前所要尋求的，以及每一個人企圖在這一課當中顯化的。當每一個人向外彰顯時，都可以找到所尋求的。

首先，表現在寶寶的笑容中；在希望、光明，尋求之中，在沒有被玷污的愛的顯化裡。

接下來可以在玫瑰中看見它，因為它尋求——因此必須設法行動——在可以榮耀造物主的表達中彰顯那份美。

接下來可以在友誼中找到它，它在友誼中發言，卻沒有自我的想法，它造就愛的表達，使愛透過隨著友誼而來的友情被榮耀了。

接下來可以在一首歌何以優美的理由當中找到它，在展現靈魂內在表情的和諧裡找到它；無論是用樂器，還是靈魂因讚美而揚升成光的給予者。

接下來可以在職責的表現當中找到它，那可以是某人的命運，這人沒有自我的想法，他在生活的行為中展現出，先從某個物質的立場想到職責，然而那份愛被彰顯了，因為全然展現出神的生命、神的愛，直到神再次降臨！

接下來可以在不同境遇的談吐當中找到它，那出現在每一個人的經驗裡，透過那份源自於日常生活的關聯，也出現在可以透過善言善語給出的鼓勵裡；將那杯水給與凡是尋求的人，給與那些口渴的人。這可以讓那樣的人看見那份愛，以「神即是愛」顯化。

接下來可以在雙手發現該要完成的任何事物中找到它，那是盡本分做好一個人經驗到的所有層面，那是在日常生活中出借自我，用自然呈現的愛盡力而為，處在如此表達的榮光裡：「你們既然那樣對待最卑微的，我的孩子們，就等於那樣對待我。」

接下來將在因心滿意足而到來的榮耀中找到它，因為知道，每一天都帶來一個機會，讓自我好好利用，在人間展現仁慈善意，超脫自我的生活之道，才能在日常生活的活動裡，促使某個周遭人的命運更加歡樂、更加光明。

接下來可以在期待那些可能降臨的日子當中找到它，因為填滿了在服事神的生活中可以達成或付出的那些地方，於是神可以說，你的面容可以讓大家了解到，你的人生、你的心，日復一日地服事神。

262-45

總結

凱西談靈魂的發展

靈魂發展涉及成熟進入某種「人生的存在之道」：臨在當下、有耐心、樂於助人、充滿愛心。那與一個人的通靈能力層次或一個人在人世間的地位無關，反倒是正在學習如何撇開一個人的人格和任性，改而醒悟到一個人的個體性和服事神的意願。凱西的「探索上帝」聚焦在培養品格和靈性意識，成功則取決於我們願意真正落實這些教誨。唯有透過應用，靈魂成長才是有可能的。

第七章

密傳基督教

凱西挑戰我們以全新的眼光看待歷史上的耶穌，包括耶穌的生平、教誨和重要性。凱西指出，關於耶穌生平事件以及他在兩千年前來到人世間的真正含義，有些智慧遺失了。凱西將耶穌描述成一個靈魂的化身，在許多方面都與我們非常相似，包括有前世，有時候是歷史上的知名人物。而且凱西提出，要充分理解「基督」（Christ）的含義，我們必須體認到、在自己之內覺醒到同時活出內在化的「基督意識」。

雖然凱西的耶穌和基督意識理念是激進的，但在許多其他方面，凱西的神學觀點卻相當保守。說他是基本教義派恐怕會誤導，但他的教導確實維護許多比較傳統的基督教觀點，包括：聖母無染原罪（Immaculate Conception）、童女生子（Virgin Birth）、耶穌復活（Resurrection）、耶穌再臨（Second Coming），以及《舊約》和《新約》之中記載的種種奇蹟事件。此外，儘管凱西本人聲稱對全世界的宗教抱持接納和包容的態度，但仍舊讓人感覺到他贊同基督教是宗教運動的巔峰。

或許，基督徒最難接受的是凱西對耶穌與基督之間的區別，他認為耶穌是人、靈魂，基督則是一股靈性力量，以及一份普世的意識。凱西並不把耶穌．基督（Jesus Christ）視為與我們截然不同的某個生命的實質名字和姓氏，而是稱耶穌是我們的「兄長」——也就是說，他與我們走在同一條道途上，但比我們成熟而覺醒。在凱西的密傳基督教當中，「耶穌」是我們仿效的生命模式，「基督」則是我們祈請以引導和治癒我們的靈性力量。

凱西還提出，耶穌有密傳教導傳給最親近的追隨者，那些只在《聖經》的敘述中暗示了。一九四五年，凱西過世沒多久，〈多馬福音〉（*Gospel of Thomas*）於埃及拿戈瑪第（Nag Hammadi）被發現，喚起了這類教義的意味。

主禱文（Lord's Prayer）是一例。凱西指出，它很特殊，不只是因為在人類擁有的紀錄中，它是唯一直接來自耶穌的禱告文，而且文中話語有著更深層的含義和目的。它是一種咒語，因為這些詞語具有普遍喚起的力量。不同行的禱告文被鍵入到七個靈性中心（脈輪），而且一旦應用得當，便對脈輪起到覺醒的效應。對應如下：

「我們在天上的父啊」＝第七脈輪（最高脈輪）。

「尊祢的名為聖」＝第六脈輪。

「願祢的王國降臨，願祢的旨意奉行」＝第五脈輪。

「在地上，如同在天上」＝地上整個是指四個較低的脈輪，天上則是指三個較高的脈輪。

「今日賜予我們每日的食糧」＝第一脈輪（最低的脈輪）。

「免我們的債，如同我們免了人的債」＝第三脈輪。

「不叫我們遇見誘惑」＝第二脈輪。

「但救我們脫離邪惡」＝第四脈輪。

「因為國度、權柄、榮耀都屬於祢，直到永遠」＝依序是，第五、第六、第七脈輪。

單是知道這些對應是不夠的，唯有當我們在照料身體時體驗到每一行祈禱文的含義。禱告才具有啟迪的力量，這正是凱西所謂「對心智表徵（mental representation，譯註：一種假設性、能夠表示外在現實的內在認知象徵）有所回應」底下那一段的內容。也就是說，某事可能發生在頭腦或「心智體」中，那將我們連結到詞語的基本含義。

舉個例子，雖然靜心冥想的人說：「免我們的債（或侵犯），如同我們免了人的債（或那些侵犯我們的人）。」重點在於，感受這些字詞底層的含義。靜心冥想的人能否感受到對他人的寬恕，然後反過來感覺到寬恕自己呢？如果是這樣，那麼凱西提出，有一個「中心敞開」，駐留在那裡的靈性潛力覺醒了。隨著那個敞開，能量湧現，能量可能不會立即被靜心冥想者感受到，但這會導致靜心冥想者內在發生某件深邃的事。連線已然達成，連結到更大的生命活力，也就是耶穌所謂的「你們不知道的食糧」。

問：我們列在圖表上的主禱文大綱，是否與七大中心的敞開有關？

答：在此說明，提供主禱文的方式是按照提供該文的目的；這不是唯一的方法，但卻是回答那些求道者的方法，這些人跟其他人一樣，尋求一個道、一份理解，企圖明白與「創造原力」的關係。其中涉及的關係包括七大中心是否敞開，然後是「個人的特有位置」。

問：在這個連結中，該如何使用主禱文呢？

答：彷彿有所感覺，在某種程度上，上述每一部分的含義流經整個物質身體。因為對心智體中所有這些的心智表徵有所回應，於是可以與祂、你的主、你的弟兄一樣，將「我有你們不知道的食糧」當中所貼切表達的，好好建立到物質身體中。

281-29

醒悟到個人與基督的關係

在凱西解讀中，關於提供給我們每一個人的應許，承諾我們可以與基督擁有直接的個人關係，最清楚的莫過於5749-4號解讀。七十多年前的一個夏日午後，這篇解讀被傳送給「探索上帝」原小組的幾位成員。在場的其中三位成員各自有些經驗，希望凱西詮釋一下。他們想要知道，自己與基督的溝通是否真的就是那樣。

從凱西開始說話的那一刻起，即明白顯示，這篇解讀將會非常出色。在超過百分之九十九的其他解讀中，是由凱西自己的超意識心智提供信息，但解讀5749-4號似乎是那些罕見的情況之一，凱西在當時接通了某個其他存有的意識——以此例而言，是使徒約翰。關於這篇解讀有多少是約翰說的、多少是凱西說的，有某種程度的含糊不清，但約翰至少在三個地方明確地宣稱自己。

然而，促使這篇解讀如此特殊的原因，與其說是意外得到來自約翰的信息交流，倒不如說是解讀中提出的應許：凡是真誠地希望直接接觸基督且行為舉止反映出那份渴望的人，都可以期待取得聯繫。

總之，基督在哪裡？在哪裡找到祂呢？這篇解讀直接說到那些問題。是的，物質的、表意識的心智，自然會用時間和空間的角度來思考，這些是熟悉的範疇，幫助我們理解事物。但試圖確定基督在某個定點，方便我們可以到那裡做個人接觸，卻是令人洩氣的。基督並不是以肉體形相存在於塵世間。相反的，凱西提出，如果我們需要在空間中定出基督的所在位置，那我們應該將祂理解成「在個別的存在體之中」——也就是說，祂被發現在我們之內，而且是一份透過「調諧」（attunement）才變得有意識的關係。

「調諧」是精要因素，促使個人的關係成為可能的。「基督意識」是一股普世的意識，存在於每一個靈魂中，也是一個非凡歷史人物的意識，這人於二十個世紀以前生活在這個物質層面，如今仍舊以一個活躍、永生的臨在存在於靈性層面。

我們如何與他取得聯繫呢？藉由種種振頻中的某個共振，我們有可能達到完整圓滿的狀態，在那個狀態中，我們感覺到與自己同步，於是自己的欲望和才能一氣相映。我們每一個人八成都經驗過這類完整圓滿的時候，或許當時，我們也憑直覺知道自己與靈界的連結多麼緊密。

「調諧」是許多凱西解讀的核心，包括探討靜心冥想和療癒的解讀。「調諧」涉及身體、心智、自由意志與「靈」達成和諧。其實很容易便忽略身體同時相信接觸基督純粹是心理上的事，正如這篇解讀指出的，「調諧」在生理上直接下探，深入到每一個原子。

心智因素包括兩個關鍵，一是「信心」，就是知道基督可以且將會直接與我們溝通，這對我們造成強力、協調的效應；二是「交出恐懼」，就像剛接觸時，基督經常說「不要害怕」，這些話可能是必要的，因為我們內在的某樣東西會迴避這樣的邂逅。恐懼比任何其他情緒更可能障礙「合拍」。

第三個調諧因素是正確使用「自由意志」，這點時常被忽略，但凱西卻把它放在他的建言的核心。如果想要與基督建立關係，不管是誰，就必須積極地努力「（使）自我的意志與祂的旨意合而為一。」最重要的是，這意謂著，讓我們的行為反映我們的信念和信心。這意謂著，應用內心裡的東西。這篇解讀中提出的應許（其實是重申《聖經》中的應許）是：基督將會來到任何人面前，只要這人出於自己的自由意志想要它，然後「在愛中行動以促使（它）成為可能。」

內心深處，我們每一個人都知道那意謂著什麼——哦，要是我確切知道基督希望我做什麼就好了，我們可能會如此抗議。但在那個安靜的知曉區，一個我們時常不喜歡承認知道的地方，我們絕對很肯定自己需要的是什麼。我們知道我們必須花時間為他人而在，而且真正聆聽對方說的話，而不是陷在自己「待辦事項」的繁忙要求中。我們知道，必須將品質和卓越挹注到自己的所有努力中，尤其是那些影響他人的努力。同樣肯定的是，在那個安靜的覺知範圍，已經向我們揭示，我們相當有能耐將基督精神率先放進自己的生命中。要求我們的並不是嚇人的，不是不合情理的，「不是慘重難熬的」。那是我們觸手可及的。

解讀

這篇通靈解讀5749-4號，
由艾德格・凱西於一九三三年八月六日給出。

引導人是葛楚・凱西。

葛楚：諾福克研習小組一號（Norfolk Study Group #1）將會出現在你面前，小組成員在這個房間裡，他們企圖更了解耶穌基督，以及一篇探討耶穌基督的解讀。我們感謝可以在這時候得到所有耶穌基督相關知識，然後你將會回答在場每一個人可能提出的問題。

凱西：是的，這個小組聚集在這裡；還有他們的工作、他們的渴望。我們將要探索可以在這個時候得到的答案。

「我，約翰，要與你們談談關於主、大師，當祂行走在人世間。如經上所言，如果祂的所行、所言全被記錄下來，我想這個世界應該容納不了所有可以說的話。」

當祂，基督，在天父授予的榮光之中，凡是真誠、懇切地尋求認識祂的人，都可以接近祂——並得到祂的引導。祂曾經說過，憑著信心，透過信祂的名，凡事都能。

你相信嗎？那就讓你的活動訴說你所相信的，在靈之中、在真理中。

所以，要尋求，每一個人用自己的方式和手法，擴大你，作為靈魂、作為存有（being），所要彰顯的神愛，以神日復一日向你示現的方式。

當祂來到人間，人所知道的塵世，祂就成為人；然而在靈界，祂企圖顯化照祂的吩咐尋求的人們所要尋求的。

因為，祂說過：「你若愛我，要遵守我的誡命。這些不是新的，不是難以忍受的，而是你們彼此相愛——就像天父愛我一樣。」

問[993]**：**請解釋，為什麼在上週一中午靜心時，我一直渴望更了解耶穌基督，以及一篇關於基督耶穌的解讀。

答：內在自我更接近與基督臨在的意識合拍合調。「基督意識」是普世的「父靈」（Father Spirit）意識。「耶穌意識」是人類建造的身體崇拜。所以，在基督意識中，有自我的「一」、自我的欲望、自我的能力，與個別存在體或靈魂所尋求、可以帶領其通過的那些力道合成「太一」。因此，在那個特定的時期，自我是和諧一致的。因此，這個物質身體的意識一直渴望讓這成為整個自我意識的經驗。要時常尋求這樣的經驗。祂將會跟你說話，因為祂的應許是真實的——個個真實。

問[560]：請解釋：靜心冥想時，我了悟到，內在的力道和外在的力道是同一個且是相同的力道。然後好像有人說過：「何不向內看呢？」當我轉而向內，我接收到的領悟是：基督似乎化為身體的形相。

答：在此，身體意識經驗到許多，「我，其實是約翰，經驗到了，當時我從洞穴中回頭看，我看見外在和內在是同一個。」當時內心的渴望，促使物質身體的每一個原子與基督生命的意識一起振動，那是對基督生命的相信和信心以及知道其臨在，那是基督意識。

生命是天父的一份精髓。歷經人類耶穌一生的那位基督，成為榮光中的生命；而且可以在物質身體的每一個原子中得榮耀，調和自我融入基督意識和基督聖靈（Christ Sprit）的旨意。

問[69]：天界（Celestial Sphere）在宇宙中是一個明確的地方嗎？還是一種心態？

答：當一個存在體，一個靈魂，進入任何界域時，它就同時在它的天人體（celestial body）中建立了那個界域，它必須——對有限心智來說——占據空間、地點、時間。因此，對有限心智而言，身體只能在一個地方、一個位置。當然，要有一個態度——因為那是與「整體」合一的，或是與「整體」調諧的。

因為，神是愛；因此占據某個空間、地點、狀態，也是滲入一切行動的「原力」。

所以，基督是人世間的統治力量，於是在人的有限心智——這個物質身體，必須將存在體、靈魂處在不管哪一段經驗期中的那個界域吸引到自我，才能在那個特定的界域或層面中意識到某種實質的存在。

問：耶穌這位基督存在於任何特定的界域嗎？還是，祂正以另一個身體顯化在地球上？

答：剛才說過，天地間的所有力量都被賜予了得勝的祂。因此，祂出自祂自己，在虛空中，在透過信心、透過信念驅動的力道裡，在個別的存在體內。如同一個「聖靈存在體」（Spirit Entity）。因此，不是以人世間的身體，但可以隨意臨到願意與祂合一且在愛中行動，以促使這些成為可能的人。因為，祂必會到來，就像你們曾經見到祂用祂在加利利（Galilee）占據過的那具身體離去。祂形成了那具身體，被釘在十字架上，從墳墓中復活，走在海邊，顯現給西門，顯現給腓力，顯現給「我，其實是約翰」。

問：不管祂在哪裡，我該如何聯繫祂？好讓我可以看見祂、聽見祂說話？

答：讓自我的意志與祂的旨意合而為一，造就出與祂整體調諧。由於造就自我的和諧一致以及渴望這一切，祂將會跟你說話。「不要害怕，是我。」

問[585]**：**我幾個月前的某個早晨看見的願景是一個大師願景嗎？

答：一個經過的影子，是的。要向聖子禱告，聖父透過聖子，祂與你同行——而且祂將與你同行、交談。不要滿意於任何其他。祂可能會時常吩咐祂的天使關照你，但要知道大師的碰觸、大師的聲音；因為祂可以與你同行、交談。祂就是「道」；沒有其他。祂在身體中受苦；為祂自己，是的——也為你。所以，你會求助於任何其他人嗎？

問：當耶穌這位基督第二次降臨時，祂將在地球上建立祂的國度嗎？這將是一個永久的國度嗎？

答：讀一讀祂的應許，因為你們已經記下了祂的話，如同「我說過」之類的。祂將統治一千年，然後撒旦將再度放肆一陣子。

問[379]：我怎樣才能提高我的振動，以便與那位基督聯繫？

答：讓由衷的意志、渴望，與祂的旨意合一，懷著信心、耐心相信，在祂之內，凡事都能，透過祂到達天父；因為祂如實給出了。你相信嗎？

所以，「依照你們的信心，成全你們吧。」

解讀完畢。

以靈視力洞悉耶穌這個人

在關於耶穌生平的各式解讀中，凱西有時候試圖描繪出某些《聖經》事件的圖解畫面。這幾乎就像是，他當時正在嘗試完成現代超心理學家所謂的「遙視」（remote viewing）。他擔任靈視記者，提供《聖經》中某則故事的相關細節，然後藉此讓故事對我們來說變得更加生動。

當然，凱西的靈視經驗沒有一個可以得到證實。值得注意的是，當他為幾百英里外的某人解讀時，有時會做類似的事。在給出特定健康問題的答案，或是詮釋夢境，或是做出特定解讀要求的事項之前，他可能會詳細講述當時那一刻發生在那人生活中的事。例如，「看起來不賴的睡衣」，或者，「是的，她現在在一片玻璃（窗）前等候一位女士，隨身攜帶的郵件上有一個結……（現在）兩人坐在一起」。大部分的情況顯示，當事人事後確認那些細節非常準確。

因此，我們有證據證明凱西的遙視技能。他是否同樣能夠以靈視力做時光回溯旅行，則是一個懸而未決的問題，但如同下述5749-1號的解讀，肯定呈現出一個引人爭議的畫面，然而對某些人來說，則是啟發靈感的畫面。

解讀

這篇通靈解讀5749-1號，由艾德格·凱西於一九三二年六月十四日給出。

引導人是葛楚·凱西。

凱西：主的晚餐——在這裡陪伴大師——看看他們晚餐吃些什麼——水煮魚、米飯，配上韭菜、葡萄酒，還有麵包。其中一只供酒的水壺破了——壺把破了，壺嘴也破了。

主耶穌的整襲長袍不是白色，而是珍珠灰——整個組合成一件式——是尼哥底母

（Nicodemus）送給主的禮物。

十二個門徒中，比較好看的當然是猶大（Judas），而比較年輕的是約翰（John）——橢圓形的臉，深色頭髮，面容光滑，是唯一留短髮的；彼得（Peter），粗獷而敏捷——總是留很短的鬍子，粗獷，不是全然清爽；而安得烈（Andrew）恰好相反——非常稀疏，但通常側面和下巴較長——上唇的鬍子長——他的袍子總是近灰色或黑色，布衣或半長褲有條紋；而腓力（Philip）和巴塞洛繆（Bartholomew）的袍子則是紅色和棕色。

主耶穌的頭髮幾近紅色，好幾處捲曲，然而並不女性化，也不顯軟弱——堅強，眼神凝重而銳利，眼睛呈藍色或鐵灰。

他的體重至少七十七公斤。手指修長，指甲保養得宜。不過，左小指留著長指甲。

愉快的——即使是面臨試煉時。開著玩笑——即使是在背叛的那一刻。

麻袋空了。猶大離開。

最後遞送的是葡萄酒和麵包，他藉此給出他的每一位追隨者應該都非常珍視的象徵。他把一件式長袍擱在一旁，手巾束腰，身穿藍白色亞麻衣。捲起袖，先跪在約翰、雅各（James）面前，然後是彼得——彼得拒絕。

然後說了「最偉大的人是所有人的僕人」那些話。

洗腳盆沒有手柄，是木製的。盆中的水是用葫蘆瓢從河口寬廣的「示播列」（Shibboleths，指「溪流」吧？見〈士師記〉十二章第六節）舀來的，置於約翰的父親西庇太（Zebedee）的家中。

現在來到「完成了」。

他們唱〈詩篇〉第九十一章——「住在至高者隱密處的，必住在全能者的蔭下。我要談到主。祂是我的避難所，我的堡壘：我的神，我要信任祂。」

他也是音樂家，因為祂彈豎琴。

他們走進花園。

基督再臨

凱西解讀所給出的所有預言中，基督再臨或許是意義最重大的。對於凱西本人而言，這也是他個人深感興趣的話題。下述5749-5號解讀的傳達，是為了幫助凱西準備一場預定要探討這個主題的講座。

當然，並不是只有凱西的解讀探尋如此偉大的事件。誠如他所言：「關於這次的基督再臨，許多……已經宣揚過。」這篇解讀的特殊之處在於，其中某些主題談到基督再臨的意義。

請注意這篇解讀以不尋常的方式開始。開頭段落意在介紹凱西本人，彷彿他是某位司儀介紹著演講者。並不清楚這位介紹演講者的司儀是誰，或是什麼身分，那是凱西的靈魂的另一個面向，一個靈，透過出神的凱西說話，或是別的什麼東西。這段介紹中有一個了不起的稱號，將凱西和他的工作譽為「基督意識的先驅」。我們可以假設，這個層面指的是這些解讀中蘊含的教導，以及凱西所展現的靈視敏銳度。

另外提到的是凱西的「異象夢」，那出現在當天上午的另一次解讀期間（這現象發生過許多次，凱西心智的某個面向可以給出一篇解讀，同時另一個面向卻在作夢）。夢中，他搭乘白色和金色內飾的豪華火車旅行，與好幾位已經逝世的著名佈道人同行，前往某個「主所愛的門徒」（Beloved Disciple）約翰將要講道的地方。夢中的凱西詢問其中一位佈道人記不記得他。針對這個問題，佈道人顯然是以象徵的方式提到，他——凱西，在物質世界中還活著：「哦，是啊，但你不只是跟我們一樣……你現在跟我們在同一列火車上，但不要忘記你必須回去，不要走太遠喔。」這個夢直接關連到凱西關心的基督再臨的含義。

解讀5749-5號的核心從解讀開頭第一段是「你們，我的弟兄」開始。這包含凱西在探討「基督」時，其神學立場的許多核心要素。譬如說，基督是第一個征服死亡的（也就是，「變成不死的」，譯注：原文put on immortality，出自《聖經》）。而且他的降臨不是來審判和譴責我們，因為我們已經藉由我們的任性和與神分離譴責自己了。

似乎是為了明確地回答關於基督可能再臨的問題，凱西提出了一個後來在這篇解讀中得到呼應的主題：基督來過一次，凡是有需要的年代，他都會再次降臨。在人類歷史上，曾有不少的機會之窗，有可能突破的時期。每當我們準備就緒，要對某個基本法則達到新的理解和應用層次時，他就直接介入我們的事務，我們的造物主是靈，凡是膜拜造物主的方法，都必須奠基於對的理解和真理。

在解讀5749-5號之中，凱西還提出了廣泛的「基督」觀點，認為好幾個千年以來，他密切參與了人類的演化。凱西的「基督論」所描述的耶穌，並不是透過我們認識的人類耶穌的身體和人格，單單一次非凡地造訪地球，而是將祂描述成存在已久的嚮導和支柱。從這個角度看，在推敲「另一次降臨」而不只是「第二次降臨」時，我們才可以更加精確。因著每一次的降臨，人類被推回到邁向靈性演進的神聖計畫，也就是凱西在這裡提到的「持續活動，邁向適度的理解和適當的關係……（對）祂。」

基督和他的影響力曾在不同的時代以不同的方式被經驗到。並非總是直接化成肉身，儘管在5749-5號解讀中有明確的提到他再次「以身體」、「以肉身」降臨的可能性。但有時候，一直是他的精神在啟迪和指引曾經擔任人民領袖的男性和女性。這些人的工作注定是要來攪亂價值觀和理想扎根於唯物主義的人們（「為居住在肉身中的人們的頭腦和內心……帶來了激烈的分歧」）。基督的推動力中和了凱西在解讀近尾聲時，列出的自私、偏見、憎恨以及其他缺點的力道。

關於基督另一次再臨的可能性，我們或許可以詢問自己兩個問題。首先，我們所在的人類歷史時代，是否適合基督的影響力再次直接臨到我們？也就是說，我們是否準備好迎接一次突破、一次量子跳躍，讓神聖計畫的某個新興應用可以朝向「一」演進？許多人主張就是這樣，並指出某些大有可為的跡象——例如，科學和靈性匯聚的潛力顯而易見，那肯定會是人類的重大突破。另一個有希望的跡象是許多宗教領袖的普世合一觀點，深度讚賞和尊重一切傳統的價值，這又是另一個重大突破。

其次，身為個體，我們每一個人可以做些什麼來促使基督再臨成為可能的呢？凱西不只在這篇解讀中主張，準備工作在兩千年前基督降臨之前便做好了，而今天也一定需要那麼多這樣的準備。唯有「當那條道路準備就緒，人們已經造就且確實促成讓基督進入的管道」，基督再臨才會成為實相。稍許的寬容和些微的善意，在鋪平道路迎接基督再臨方面，扮演著重要的角色。

解讀

這篇通靈解讀5749-5號，由艾德格・凱西於一九三四年五月一日給出。

引導人是葛楚・凱西。

葛楚：艾德格・凱西將會出現在你面前，在這個房間裡，還有他愛追根究柢的心智，探求他預期在下週一晚上針對「基督再臨」發表的相關談話。你將會給出，他應該在這個公開聚會針對這個主題提出的內容。

凱西：現在湧入的信息可能很適合目前在場的人，但適合公開聚會的那些人嗎？不過，從這次經驗，可以搜集到曾經給出過的信息，而那可以幫助許多人領會到，目前在這個房間裡透過這類管道為自己尋求經驗的人，可能會取得什麼樣的經驗。

所以，你們每一個人，要留心警覺可以在內在經驗到被賜予的信息。

因為，異象（凱西那天早上的異象夢）在眼前這片土地和國外的土地上，搜集到了許多人對基督再臨的說法，也把那些經驗告訴你了。

關於這次的基督再臨，許多信息已經傳布了、宣揚過。那不是一則信息，而是在某個時間，信息留下了他在那些環境中的默觀和經驗紀錄，不論是被打造在聽者的內心和頭腦中，或是被寫成書面文字；然而今天在此，在你們所謂的時間裡，你們發現這些匯聚在一個身軀裡，可以聽信一位人間所謂「基督意識」先驅（艾德格．凱西嗎？）的開示，那股力道或大能降臨人間是古往今來一直被提到的。

好好聆聽吧，在他說話的時候！（艾德德．凱西嗎？）

你們，我的弟兄們，在你們的無知和熱誠中，時常談到那股流傳人世間的影響力，例如由那些影響歷代個人宗教或靈修活動的人士完成的記載，例如一篇描寫這位人子行走在人世間的記載。你們寧願聽信那些事，卻不聽祂說，不聽祂做了那些推論，舉出那些實例，談到那些人如何一直掩住且確實掩住雙耳，拒絕聽到自己究竟是怎麼一回事；然而那些人並不懂祂啊！

祂，我們的主、我們的大師，是率先變成不死的，為曾在靈性事物上犯錯的那些人示現可能存在的機會；而且唯有透過以某種方式經驗，才能讓每一個人在透過你們所知曉的物質發展時，可以達到從顯化在不同層面、形相、風格中的更大能力設想，然後才可能開始明白，如何或為何或何時會有良善的靈和犯錯的靈顯化在不管哪一個界域。因為，祂告訴過你們，假使不了解聖子，就不要自行定罪。因為，在祂之內是不定罪的，但「你們已經被定罪了。」而由於進入到為求理解而敞開自己的那些人的影響力當中，可能就有方法接近祂。祂曾經出現在歷朝歷代，透過這個時代、那個時代的民族代言人，祈求顯化神的「第一念」（first idea）。

你們有沒有讀到神子們如何聚在一起，而撒旦也來了？「你曾用心察看我的僕人嗎？你見過他所行的道嗎？」而答案，即使來自那個邪惡之力：「伸出手來，觸碰他那些屬於滿足肉身欲望的東西，他必定當面咒罵你。」然後神說：「他在你手中，但不要觸碰他的靈魂——不要觸碰他的靈魂！」（譯註：見《聖經．約伯記》）

就這樣，我們看見進入地球的過程，以及靈魂如何演進或發展，直至覺知到所有影響力在靈魂經驗到的各個活動界域造成的效應；而且唯有在「祂」之內，也就是在造物主、製造者、有限生命的經驗者、以及靈和靈魂之內，才能戰勝這點。

所以，這是必然的。因為，如果那不曾被說出口，那不曾被示現在地球世界的經驗中，那麼從任何角度都可以認定，祂一直不願意任何一個迷失——而且在祂——這位造物主之內，已經準備好了那條逃生之路啊！

但誰是好僕人呢？一直忍耐到最後的那一位吧！

所以，祂曾經出現在歷朝歷代，當有必要將理解集中在同一思維的新興應用時，「神是聖靈，要追求在靈之中、在真理中敬拜祂！」

所以，當那條路準備就緒，人們已經造就且確實促成讓基督進入的管道，才可能有那些將會拯救、再生、復興、握有——如果你喜歡——地球的影響力進入地球，使地球持續活動，邁向適度的理解和適當的關係，直到促成更密切的關係，直到只在祂之內。你們曾經見過這事發生在亞當身上；你們曾經聽過這事出現在約書亞、約瑟、大衛，以及為了成就耶穌而做好準備的那些人身上。你們曾經見過「祂的靈」出現在各個行動範疇的領袖身上，不論是在海上的小島、荒野、山上，還是在每一個種族、每一個膚色、每一個活力不同的活動中，那為居住在肉身中的人們的頭腦和內心製造了且確實帶來了激烈的分歧。

必須被完全擦掉的是什麼呢？仇恨、偏見、自私、背後中傷、不仁、憤怒、激情，以及那些在世人的活動中被製造出來的淤泥。

所以再一次，祂會以肉身到來，認領祂的子民。今天，祂在人世間廣為流傳嗎？是的，就在從每一個角落呼求祂的那些人之內；因為祂，天父，不容許祂的靈魂見到墮落腐敗；也不讓它被那些使靈魂害怕的事緊緊纏住。因為，祂是「光之子」、「神之子」，且在祂面前是聖潔的。於是祂再次降臨，來到尋求知道祂的道的人們的內心和靈魂和頭腦裡。

肉身中的人們很難理解這些，在肉身中，偏見、貪慾、各種罪行當道；然而那些呼求祂的人不會空手而歸——即使像你一樣，在你的蒙昧無知中，在那偶爾吞噬了你的熱心熱情裡。然而，在這裡，你可以聽見金色權杖在那些尋求祂的面容的人們心中一再敲著。你也可以，趁祂將以肉身降臨人間、按名字召喚祂自己的子民時，在那些日子裡好好服事。

解讀完畢。

總結

凱西的密傳基督教

凱西邀請我們深思理解基督的一種新方法。他的基督論的核心在於，區分「耶穌」與普世的「基督意識」的差別，前者是在地球上歷經累世的靈魂，最近一次化成肉身，後者則是覺知到所有生命的「一」。「耶穌」是「我們的兄長」代表，他是一個跟我們一樣的靈魂，曾經經歷過漫長、艱難的靈魂成長之旅。而「基督意識」並不是遙不可及的東西，反而是已經存在每一個靈魂的無意識心智之中，等待被自由意志喚醒。

第八章

未來社會的藍圖

一九六〇年代後期，艾德格．凱西因《沉睡中的先知》這一類的著作而聲名大噪，使他被譽為等同於「諾斯特拉達姆斯」的預言家，並成為有識之士，看見了新世界的秩序。假使凱西活著見到自己的遺產以如此方式被理解，八成會感到不舒服——不是因為他的解讀缺乏預言性的洞見和社會願景，而是因為預言性的解讀在凱西的畢生志業中占極小的比例。他一定會希望我們不那麼重視預言，多注意他在整體療癒方面的創舉，以及簡單而直接的個人靈性實現法。

儘管只有大約百分之一的解讀處理全球事件或社會課題，但這些卻是他的教導中很重要的一環，而且在理解凱西帶給這世界的信息時，也是必不可少的。他把這個問題看成是——人們正試圖強迫「世間的一部分跟另一部分用同樣的方式思考」（3976-8）。這種不寬容的強制性一定會導致前所未有的全球性苦難，除非被更加人道的願景制衡了。他看見了這世界可以如何以建設性的方式演進。

在本章之中，我們探討幾篇凱西著名的前瞻性解讀。這些一直被保留到最後，是因為先檢查了凱西哲學的其他元素，才能正確地看待它們。假使抽掉了這些解讀的背景，可能會誤導企圖在凱西的工作中尋求譁眾取寵的讀者。

有兩個關鍵原則值得謹記在心。

首先，凱西的預言眼光長遠。不可否認地，有些解讀，尤其是早期那些以一九九八年作為關鍵年的解讀，多半沒有實現。反倒是隨著年齡的增長，見識成熟，凱西的洞見開展，甚至有點轉變。比較合理的做法是，正視他後期的工作，賦予比早期工作更大的可信度。譬如，一九二〇年代後期和一九三〇年代中葉的許多預言，都涉及地球的災難性變化。從一九三〇年代末到一九四〇年代初，我們發現，所預言的那些變化比較有可能是漸進的，而不是突然的。這裡有一個典型的例證，來自一九三九年九月：

問：三百年前，雅各．伯麥（Jacob Boehme，譯註：一五七五至一六二四年，德國哲學家）判定，當人類從這個雙魚世代跨入水瓶世代時，亞特蘭提斯會在這個危機時候再次崛起。亞特蘭提斯現在正在崛起嗎？它會突然造成錯綜複雜的情境嗎？大約在哪一年呢？

答：在一九九八年，我們可能會發現，許多活動已經因為正在發生的漸進式變遷而成形。這些是太陽活動的週期，也可以說，介於雙魚和水瓶時代之間的這些年，太陽行經同等於改變的各種活動界域。這是地球在這段時期要經驗到的漸進式活動，不是災難性活動。

1602-3

更進一步研究凱西的長期觀點，發現一段有趣的紀錄，提到二一五八年。一九三六年三月，凱西夢見搭火車回到維吉尼亞州，之前經歷了一趟命運多舛的底特律之旅，在當地因無照行醫而被扔進監獄關了一小段時間。在那之後的某次解讀時，他被要求詮釋那個夢，而他表示，那個夢有兩層含義：讓凱西本人期待他的遺產會被人們記得且在此後兩百年仍舊有用；同時提出一個預示的畫面，談到二十二世紀中葉，這世界可能是什麼模樣。夢境如下：

西元二一五八年，我已經再次出生在內布拉斯加州。大海顯然覆蓋了整個美國西部，因為我居住的城市在海岸邊。我家族的姓很奇怪。很小的時候，我就宣稱自己是曾經活在兩百年前的艾德格．凱西。留著長鬍鬚、頭髮稀疏、戴著厚眼鏡的男性科學家們，被召集過來觀察我。他們決定要去拜訪我曾經出生過、居住過、工作過的那些地方，包括肯塔基州、阿拉巴馬州、紐約州、密西根州、維吉尼亞州。這群科學家帶著我造訪了這些地方，搭乘一艘長雪茄形、高速移動的金屬飛船。水覆蓋了部分的阿拉巴馬州。維吉尼亞州的諾福克（Norfolk）變成了一座巨型海港。紐約已被戰爭或地震摧毀，正在重建。產業散布鄉間。多數房屋都是玻璃造的。我以艾德格．凱西的身分完成的許多工作紀錄，被發現了且蒐集起來。科學家團隊帶著要研究的紀錄返回到內布拉斯加州。

294-185

凱西的第二個關鍵是「預言」和「預示」之間的差異。「預言」（prediction）講的是未來將會發生什麼事。「預示」（prophecy）則是，如果事情沒有改變，尤其是如《舊約聖經》中見到的改變，可能會發生什麼事（凱西非常看重《聖經》，這肯定影響到他自己的工作）。預言說：「事情會是這樣」，預示則說：「未來仍然可以成功順遂，但如果你不發揮自由意志，開始讓事情變得不同，這樣的事就會發生。」預示使個人有力量，那正是凱西希望利用這些解讀做到的事。

例如，在一九四〇年六月，第二次世界大戰在歐洲肆虐且即將在太平洋地區爆發，凱西被問到美國會發生什麼事。發問的是一個來到維吉尼亞海灘市見他的六十四人團體。答案在那篇解讀中以應許的方式呈現：他們有力量直接影響美國未來的走向，但唯有帶著信念祈禱，然後根據那些禱告採取行動。這是預示更深層的意涵。

> 所以，要提高你的聲音，如同頌揚你的造物主；不只是言語上的讚美，更表現在日復一日與你的人類同胞相遇的舉止上。因為這樣的禱告，以及聚集在此的六十四人活出這樣的禱告，甚至可以拯救美國免於被侵略——如果那正是你們渴求的。
>
> 3976-25

因此，牢記這兩個關鍵原則，眼光放遠，明白預言和預示之間的差異，我們就有資格探索這些凱西解讀。

應對變遷

凱西的許多解讀都是在歷史上最為動盪的時期傳達的。解讀1723-1號在一九三八年夏天給出，然而今天，促使這篇解讀與我們相關的因素是：它的主題探討如何從靈性的角度應對變遷。

一九三八年，世界仍處在經濟大蕭條的劇痛中，在美國，儘管羅斯福總統施行「新政」（New Deal）計畫，但嚴重的經濟困境仍是常態。同樣的，戰爭在歐洲即將來臨。事實上，在凱西給出這篇解讀之後十個月，第二次世界大戰就爆發了。

這則關於應對變遷的信息，不是傳送給某位當時的經濟學權威或政治領袖，而是提供給一位二十五歲開油罐車的普通人。雖然這名男子的財產就連在他的時代也不算多，但解讀中談到的那些主題卻是普世通用的，同樣是對我們的時代發言。

兩個主題尤其突出。其一是變與不變之間的動態張力。那是我們每一個人都必須努力應對的事，該如何成為令人振奮的改變過程的一部分，同時與不變、永恆保持連結。其二是鍛鍊自由意志，藉此賦予我們力量，那是改變自己的能力，也是每天選擇盡力成為最佳自己的艱鉅任務。

這篇解讀一開始就描述1723號先生的人格特質。首先是壞消息。這些評論簡短但直率，他八成難以接受：「物慾薰心、鐵石心腸、頑固。」然後是好消息，這部分相當長。凱西採用占星術語言來敘述氣質，描繪了這名男子的優勢和弱點，然後給他一些充滿希望的建言，告訴他如何建設性地發揮他的才能。凱西讓他看見，他的靈魂在人世間是要貢獻些什麼。

架橋銜接好消息和壞消息的是，某種對習性的洞悉了解。妨礙我們靈性進程的唯一因素是我們的性格傾向——亦即：「我們傾向於做什麼」，就好像一顆球，一定會由於山坡傾斜自然產生的動量（momentum）而滾下山，除非我們阻止那顆球，讓它向上滾回去。不論是誰都能改變，因為自由意志讓改變成為真正的選項。而我們每一個人都親身經驗過改變，所以知道那是可能的。

這個心理學原理讓所有這些關於習性的信息變得相當重要：在變遷的時代，我們的優勢或弱點會湧現出來。抉擇在於我們。在遭逢天災、經濟混亂或戰爭的時期，想一想會發生什麼事。對某些人而言，那激發出非凡的愛人行為；對其他人來說，則引發可憐的自私行徑。想一想你自己的經驗：遇到壓力時，迸出來的是你的最佳特質還是最差特質呢？愈是了解自己，你就愈有可能鍛鍊你的自由意志，確保那是你的最佳特質而不是最差特質。正如凱西指出的，你的靈性理想愈是清晰有力，結果就愈有可能是美好的。

對1723號先生來說，這篇解讀明確指出，「仁慈」是他能夠改變的關鍵。在學習改變的過程中，他可以發現不變的實相，即使是面對變化飛快使他無法跟上的世界。這聽起來跟現在很像。

因此，我們該如何與人生這個難以捉摸的不變面向連結呢？行善和有愛心的行為，創造出「在內心和靈魂中永久存活」的東西。內心裡，如果我們想要與那個不變建立連結，避世靜修是不夠的。我們需要有益於某樣東西，要伸出雙手接觸那些需要幫助的人，說出善意的言語，在當下照料關注，懷著某份希望。這聽起來樸實無華，卻是應對變遷的關鍵，也是艾德格・凱西社會願景的精髓。

解讀

這篇通靈解讀1723-1號，
由艾德格・凱西於一九三八年十一月一日給出。

引導人是葛楚・凱西。

葛楚：你將給出這個存在體和宇宙，以及和宇宙原力的關連；給出今生人格的潛在和外顯條件；還有在地球上出現過的前世，給出時間、地點和名字，以及存在體的發展在每一世是頗有建樹還是延遲倒退；給出眼前存在體的能力，可以達到什麼境界以及如何達到。當我詢問時，你將會回答這些問題：

凱西：是的，這裡有現在名為或叫做[1723]號的存在體的紀錄。

在詮釋我們找到的紀錄時，這些是帶著渴望和期待被挑選出來的，希望促使這段經驗，可以幫助這個存在體在目前好好應用自我，參照物質界——那應該是這類應用的結果——邁向心智和靈性發展。

所以，在概覽這些紀錄時——不過並沒有考慮到這個存在體根據升起的衝動已經完成或可以完成的事——我們發現，這個存在體往往有被稱作物慾薰心、鐵石心腸、頑固的傾向，而且是根本沒有想到這些事物還訴說著情感本身。

給出的這些是傾向。這個存在體已經改變了而且可以改變這類傾向——否則這些會以被放大的狀態出現，於是——儘管帶來物質收益，甚至有時候是重要的職位——但除非在經驗中發展出「人類善意的奶水」（milk of human kindness，譯註：語出莎士比亞《馬克白》），否則這次暫留人間的整體經驗，可能會變得非常寂寞、十分惱人。

在詮釋占星面同時，那是經驗人世的參考依據，並不是提供一切經驗，而是只給出，在這次暫留人世目前的這段活動期間，對這個存在體產生較大影響的經驗。

開始時說過，開示這些是希望，在這個存在體與其人類同胞實際打交道時，這些警告、這些資訊可以變成有益的影響。

我們發現，木星是較大的支配力。因此，凡是這個存在體在活動中的努力是要服務大眾或人群時，就會找到一條管道，更大的物質力和心智力以及靈性力均可以由此顯現。

因此，那些管道包括在眾人之間有其效應或活動的產品銷售——或是像統計員一樣搜集資料，或是搜集不管哪一種紀錄。所有這些變成這個存在體發展的一部分，也變成一條條管道，由此可以產生更大的影響力，促成大有幫助的經驗；只要那些被指出的特徵成為其應用過程的一部分。

在水星中，我們發現帶有金星的不利影響，還有火星以及土星，這些勢力變成這個存在體的環境或周圍事物的一部分。

因此，這個存在體智力高——喜愛或渴求學習——喜愛或渴求知識。但這類知識宛如統計學，這類知識的本質就是要好好維護個人或群體的勢力或活動，這不是要完全用在自我，不是用來自我強化或促使自我的利益優於他人。

可以肯定的是，這可以用於度量策劃，俾使帶來更大的物質機會，更大的物質成功，但要按照神的要求——而不是仗著自己的條件優於不那麼幸運或是無法專注集中的人們。

在金星中，我們發現有必要培養影響力，這裡指的不只是秉持的理想或理想的原則，還包括要好好堅持的理想——心智上的、物質上的，但奠基於靈性屬性，這些是要培養的。如此看來，金星將那股驅動力帶進這個存在體的經驗，而其真正的本質則是行為正直和品性良善，那是有必要在活動中培養的。

剛開始應用這些時，可能會帶來某些惱人的影響，然而要知道，義務是機會，也是責任，更是特權，是這個存在體應該要學習的功課——何況由於面對了出現且不斷變遷的影響和力道，那將在經驗中促成更大的滿足、更大的平安與幸福。

要知道，雖然生命存在於變遷的世界中，友誼在變，環境在變，萬事萬物在變——除非有成就可以在內心和靈魂中永久存活，否則自我在與人類同胞交流的過程中，幾乎沒有已達成或可以達成的成就。

要熟悉那個遠處的天家。花時間不只是保持聖潔或良善，而且是有益於某樣東西——「有益」是因為，你每天將某個新的希望、新的機會、新的體驗帶進某人的生命——一個小男孩、一個兒童、一個寶寶、一個因故迷途的老人。如此，你將逐步建立起那些步驟，可以帶你超越只見到物質祝福的俗世凡塵。因為你將會知道有祂，在祂之內，你已聽見「祂的話語不會消逝」。

因此，儘管變化出現，儘管天堂可能動盪，儘管地球和一切活動可能處於騷亂，但你的所作所為將不會改變，而且是活在內心和頭腦中，足以帶來那份平安與和諧，而這只會臨到記得善待他人的那些人！

要知道，如果你要得寬恕，如果你要有朋友，如果你要知道平安，你就必須結交朋友，要仁慈，要快樂，要滿足——但絕不要感到滿意！因為升起完善自己的那份渴望，不僅是你的身體可以輕鬆自在，或是你可以滿足因此生出的欲望！更確切地說，那是內在希望找到更宏大的靈性生命知識，好讓那份榮光在日常生活中成長、綻放。

因為唯有如此特性的靈性思維，才是實際的東西，可以日復一日被活出和經驗到，也值得你好好接受。

何況這是你的本性——要好好培育它啊！因為這將在生理上、心智上帶來更大的機會，而且打開你的意識之門，通達無形的原力，而那並不會使人類害怕啊！

國家的精神

一九二一至一九四四年之間的二十九篇談話，所謂的「全球事務」解讀，內含某些凱西對國際情勢意義重大的評論，包括對各個國家的靈視觀點和預示。一九四四年六月，諾曼第登陸反攻日剛過，3976-29號解讀到來，在凱西組織的年度領袖聚會上傳達。這篇解讀的出現，是因為有人請求得知特定國家「群體振動」的信息——也就是，一個國家及其人民的精神（spirit，譯註：即「靈」）。

與熟悉的刻板印象——英國人天性有所保留，法國人熱愛生命，日本的工作倫理——相較，凱西的描述切入得更深，依據集體業障和集體志向來描繪國族群體意識。研究這篇解讀時，重要的是不要過度評斷某些國家的錯誤，因為我們可能曾經在犯下的那些錯誤中扮演過某個角色：對凱西來說，輪迴轉世暗示，在某一世或另一世，我們每一個人都曾經促成國族群體意識。

這篇解讀以「和諧宇宙的畫面」開始。在單一國家建立之前，靈魂面臨了靈性的抉擇。一方面是陪伴神，那是神對我們的本意；另一方面則是違抗神的衝動。那股反抗的精神為世界帶來了混亂，而且在混亂中，國家出現了。

每一個國家的意識隨著時間的推移而演化，於是，人民之間也慢慢升起了共識。這就是我們所謂「一個國家的精神」，也就是，那個國家立志追求以及珍視看重的。

凱西提出，美國是這個精神的絕佳例證。雖然美國國族意識出現的時間，比其他許多國家遲許多，但一個中心價值很明確：自由。然而，自由本身就是犯錯的可能性，因為「自由」與「自由意志」密切相應，而且自由意志可以被不當地行使，因此很容易在幫助另一個國家時，幫助變成了強制那個國家及其人民，這是美國一直以來格外脆弱的部分。

此外，自由意志可以比較不著痕跡地被濫用。凱西要求我們深思耶穌的這句話：「他必曉得真理，而真理必使他得自由。」自由的關鍵是在自己的生命中活出和應用真理。凱西的言外之意是，美國人時常無法活出或應用真理，尤其是真理中最重要的真理：我們信靠上帝。

為什麼美國錯得如此離譜呢？全世界的人都難以全然信靠上帝，為什麼凱西單挑美國呢？因為這是美國的立國者和領袖們立志追求的。高舉自由作為國家的理想，讓美國更有責任適度地運用自由意志，不管那是否意謂著尊重所有人民的自由，或者只是記住，我們的國家是建立在信靠上帝的原則上。

解讀3976-29號，繼續確認美國以外的其他國家的缺點，儘管不那麼詳細。英國人似乎老是認為他們高人一等，法國人犯的錯在於過度放縱身體，義大利人被告知的是分歧（為此，凱西甚至提出一則禱告：「有些人可以直接贊同，有些人甚至可以宣稱他們與更高階的力量合而為一」），中國人是孤立而自滿，東印度人則以完全內在的方式應用所知道的。

這篇解讀還包括凱西最為戲劇性的兩則預示。其一，俄羅斯被描繪成全世界的希望，不過不是因為共產主義的任何優點，而是因為俄羅斯的領導統御力以及敞開胸懷與美國建立友好關係。

隨著舊蘇聯的崩潰以及在新興俄羅斯境內更多自由的建立，看來好像凱西的預示最終可能會實現。或許他感知到某個更遼闊的靈性趨勢，那樣的趨勢一開始會有好幾個錯誤，然後俄羅斯和美國的集體意志才能夠促成某種新的永久關係。

凱西的第二個戲劇性預言是，中國有朝一日會成為基督教的搖籃，如果不是教義本身，至少是在教義應用方面。中國敞開胸懷，迎向西方，採納西方的思想和生活型態，不就是這個新角色的徵兆嗎？也許不是這樣。儘管這篇解讀是在一九四四年給出的，儘管凱西說得並不具體，但六十年似乎沒有資格如同凱西娓娓道來的那樣：「以人類時間計算，那很遙遠」。因此，在二十一世紀及以後，中國可能會出現更非凡驚人的變化。

解讀

這篇通靈解讀3976-29號，

由艾德格・凱西於一九四四年六月二十二日於第十三屆年度ARE大會上給出，

引導人是葛楚・凱西。

葛楚：曾經透過這個管道指出，關於國家的振動可能意謂著什麼，就像個人一樣，有許多可以開示。你將會給出這類信息，談到這些振動以及這些與各個國家的精神的關連，尤其是與人類家庭中的七原罪和十二美德關聯的信息，那將幫助我們的組織和個人努力成為人類同胞的祝福管道。然後，在我詢問時，你將會回答可能被提交的問題。

凱西：當人類在地球上演化的時期出現時，那時有什麼特別的原因必須把人類分成各種語言、各個國家、各個群體呢？「以免他們以愚蠢的智慧違抗神。」所以這裡透露的是什麼呢？尋求滿足自身肉體私慾的人類，在人間也可能違抗神。所以，人類一直被造物主所賦予的是什麼呢？對於每一個要陪伴神的個別靈魂存在體來說，所有那一切都是必要的。而且那是神對人的渴望。

因此，當人類開始在地球上違抗神的時候，混亂升起，以巴別塔（Tower of Babel，譯註：又稱巴貝爾塔、巴比倫塔、通天塔，據《聖經》創世記第十一章記載，當時的人類聯合起來興建巴別塔，希望藉由該塔通往天堂）為代表——這些代表當時的根基，國家的開端。然後國家在不同區塊的土地上被建立起來，而且每一個群體，一個強過一個，開始尋求自身的滿足。少之又少——是的，如同你們將會憶起的，那甚至變成必要的，來自這些群體之一的某個個體、某個人，得到召喚。他的作風變了。他的名字換了。那帶走了那人身上的罪嗎？或者，那只是在當時利用這個個人內心及目的和欲望裡面的東西，如同經歷過所有這些開創期的人類所言——根據其詮釋——首先利用物質上的成功呢？情況並不是：神選擇了保留或挽救人類的任何良善，只要人過去是、現在是、將來也是，利用那個活生生的靈魂成為神的同伴。那樣的狀況是神的宗旨。那應該是人的目的。

所以，如今應用這個法則時，發生了什麼事情呢？每一個國家已經設定了某套人類活動的標準作為它的理念，要麼源自於人類的敝帚自珍，要麼源自於認為人本該準備著與神相伴的其他國家。因為要記住，有不變的律法。因為神是律法，律法是神，愛是律法，愛是神。所以在人類的內心裡、頭腦中，存在著不同的這些律法概念，以及律法該用在哪裡、用在什麼上面。所以，就跟昔日一樣，肉身的本性，人的肉身和肉身的本性，並沒有改變，但精神（譯註：即「靈」）卻活躍起來。真理使人自由。人類千秋萬代一直在做這樣的事，如今也一樣，當一個人將那些不同的國家，看作曾經見到那道光，且曾經透過某種形式，尋求依據那個國家、那個民族的理念立足，就會出現某個象徵，擁有且確實代表那些民族經歷過如今名為美國的這片土地上的先民歲月。

美國的精神是什麼呢？多數人自豪地誇耀是「自由」。什麼樣的自由呢？當你透過種種方式和手法束縛人們的心靈和思想時，這是賦予人民言論的自由嗎？作禮拜的自由嗎？免於匱乏的自由嗎？不是的，除非那些基本法則可以套用在已建立好的所有教義和經句，而且自由與那套法則同在。因為神的本意是要人自由，因此賜予人意志，甚至是可以違抗神的意志。神一直不願意任何靈魂滅亡，隨著每一次試煉或誘惑，都準備好了一條逃生之路。

經歷了人類的各個展開期，老師們宣稱「這是道路，這裡有你們可以知道的方法」，然而在這位「萬世師表」（the Teacher of Teachers）之內，那條道路被找到了，祂甚至親身落實了那個律法。因為當神說「要有光」時，光便進入祂已創造的，那是無形的，是虛無的，然後成為

「道」，而「道」存在於人們之間，人卻察覺不到。「道」如今存在於人們之間，但許多人察覺不到。

曾經立誓表明人類應該要自由的那些國家，也應該立下那些誓言：「他必曉得真理，然後真理必使他得自由。」

所以，今天要開示你們的到底是什麼呢？這是你們的功課：你們每一個人都要聽好！要當心，免得你們作為個別靈魂、神的兒子、女兒，誤了你們今天在地球上的使命；你們認識的人、接觸的人，必要知道神的真理，不是聽你說，誇誇其談地說，而是在長期受苦時，在耐心裡、在和諧中，使你在你自己的生命中創造，因為必須從你開始。神已經讓你看見那個模式，實際上是一個耶穌，祂成為那個基督，使你可以有一個一同擁護天父的人，因為天父曾說：「當你們因為自我膨脹而吃下或使用知識的那一天，你們必亡。」但他（譯註：指蛇）已經說服了「靈」，也就是神已經創造成形的那些靈魂，要擴展到物質，以滿足自我表達、自我放縱、自鳴得意的欲望，蛇說：「你們必不會死。」或者，那些是當時人類的活動——因為神說過：「一日千年，千年如一日。」

那麼生命的長度呢？差不多一千年。你今天的生命呢？可能不同於祂曾經給出的、祂對那些民族指出的、祂對那位律法頒布者（lawgiver，譯註：指摩西）所做的、祂對大衛所做的——先是從一千年到一百二十年，然後到八十年？為什麼？為什麼呢？人類欲求自我滿足的罪。

今天地球上哪些國家，感應到在自己的土地上、自己的環境中擁有且正在創造的那些事物呢？看看壽命已從六十歲延長到八十四歲的那些國家，你就可以判定是誰在服事神。這些是審判，這些是神蹟，顯現給尋求知道的人、願意研究天堂的人、願意分析這些元素的人、願意知道人心的人，尋求要了解天父對自己的旨意的他們回答說：「主啊，我在這裡，利用我吧，把我送到需要我的地方。」

正如你目前矛盾衝突的那些法則呈現的。「求救吧，因為人類的自由遺產將被帶走。」被誰帶走呢？曾經說過「你們必不會死」的那一位。今天在地球上有兩個法則，兩股正在衝突的力道：這個世界的王，以及對每一個靈魂說話的那個準則：「不要害怕，我已經戰勝了世界，世界的王在我之內微不足道。」你能那麼說嗎？你一定要那麼說！那是你的希望；「這世界的王，撒旦，那條古蛇，在我的頭腦、我的內心、我的身體的任何欲望中根本沒有地位，我不去掌控它所帶領的方向。」這些就是重點，這些就是準則。

所以，國家的情況呢？在俄羅斯，出現了世界的希望，不是人們有時提到的共產主義、布爾什維主義（Bolshevism）；絕不是，而是自由，自由啊！每一個人都要為「人類同胞」而活啊！這個準則已經誕生了。它需要幾年才能結晶起來，但由於俄羅斯，世界的希望再次出現。由什麼引導呢？與這個國家的那份友誼甚至是建立在眼前的貨幣單位「我們信靠神」（當你償還了該還的債時，你會在自己內心裡說這句話嗎？當你派遣傳教士到其他土地上，你會在禱告時用上這句話嗎？「我付出這些，因為我們信靠神」？可不是為了多賺一些錢啊！）。

在應用這些準則時，就地球上的國家用來丈量其活動的那些形式和手法來說，是的，的確，美國可以誇耀，但實際情況是，在自吹自擂時，那個準則就被遺忘了，這是美國的罪。

在英國也一樣，那些自認為高人一等的理念——不是理想——從哪裡來的。你們一定要成長，成為你們應該被人知道的，應該得到的。那一直是，就是，英國的罪。

而在這個準則最早訴諸的法國，後來出現的是身體欲望的滿足——那是法國的罪。

在一開始是羅馬的那個國家，當時那些準則展開了，羅馬的崛起，羅馬的隕落，導致羅馬隕落的原因是什麼呢？就跟巴別塔的情況一樣。那些分歧，那些要在這個或那個領域強制這些奴役狀態的活動；有些人可以贊同，有些人甚至可以宣稱他們與更高階的力量合而為一。因為這些人的方式對某個男人來說看似正確，但結局卻是死亡。那是義大利的罪。

中國的罪呢？是的，有著那份轉變不了的寧靜，藉由緩慢的成長拯救自己。一直有所成長，一直有一條長久以來貫穿那片土地的溪流要求要孑然獨立，要怡然自得。一天，它醒來了，剪掉了頭髮！它開始思考，開始用它的思維做事！終有一天，這裡將是基督教的搖籃，教義被應用在人們的生活中。是的，以人類時間計算，那很遙遠，但在神的心中，那只是一天——因為明天，中國將會醒來。要讓每一個靈魂都了解那些，然後，發自內心採取行動。

而在印度，除了在自我裡面，知識的搖籃並沒有被好好應用。印度的罪是什麼呢？「自我」（self），而且是去掉了「ish」（譯註：selfish是「自私」）——就是自我。

所以，要在你自己的生命中應用真理。什麼是真理呢？如果有某個個別存在體站在世界的十字路口等待答案，可能已經得到解答了。然而那個靈魂已經淨化了自己，而且已經給出了新的誡令：「你們彼此相愛！」

所以，這一切指的是什麼呢？「你要愛主，你的神，以你的整顆心、整個靈魂、整個意念、整個身體，而且要愛鄰如愛己。」人類可以捏造的其餘理論都無關緊要，只要這些被活了出來。日復一日在那些關聯中愛鄰如愛己，更愛死在十字架上的基督所做的一切，勝過沒有奮鬥掙扎的世界。

所以，要知道，祂有祂的十字架，你有你的十字架。願你微笑地扛起你的十字架。你可以的，只要你願意讓祂與你一同承受。好好行動吧！

現在解讀完畢。

預示地球變遷

凱西經常與地球歷經巨變的預言相關聯；仔細計算後發現，大約只有二十多篇解讀符合這一類，不到凱西全部工作的百分之零點二。

本章開頭提過，關於變遷，凱西的看法隨著時間的推移而演進。下一篇解讀 1152-11 號是針對這個主題他所給出的最後幾篇之一。在珍珠港轟炸之前幾個月，他預言，要到一九四四或一九四五年才能達到和平，他甚至預見，具體的共濟會（Masonic Order）原則將是和平藍圖的一部分。

解讀1152-11號當然包含某些明顯的陳述，例如，預言美國主要城市的毀滅。然而儘管較早期的解讀針對一九九八年，但這裡卻沒有提供時間表。此外，凱西提出，事態發展本質上將是比較漸進式的（「這方面的變遷正在逐步發生」），甚至一旦變遷開始，就會確認美國未來的領土安全區。不管怎樣，關於如何詮釋這類陳述，我們應該要慎重，因為凱西的工作從頭到尾，「安全」都是在心理上達成，在思想中、感覺裡、目的中達成，而不是為了逃避傷害而讓身體實質去到某個地方。

解讀

這篇通靈解讀1152-11號，

由艾德格・凱西於一九四一年八月十三日給出。

引導人是葛楚・凱西。

葛楚：［1152］號的身體以及愛追根究柢的心智將會在你面前，出現在這個房間裡，她尋求與她的健康、人生和工作相關的——信息、建言和引導。因為感覺到為人類服務的嶄新人生正在召喚她，所以請你提供明確的信息給這個存在體，告知這份工作是什麼，以及她應該住在哪裡，才能最好地實踐這份工作。這個存在體將自己交託給這些本源請求引導，心甘情願放棄一切個人財物，遵循祂所引領的道路。你將會開示這個存在體需要些什麼，才能處在對的地方、做著對的工作。然後當我詢問她所提出的問題時，你將會一一回答：

凱西：是的，這個身體，這個愛追根究柢的心智[1152]號，就在這個房間裡。我們以前曾經體驗到其中一部分和不同的階段。

至於忠告和建言、目前存在和即將存在的情況，或許可以在這個時候提供給這個存在體。不過，關於地點和活動的選擇，應該是在自我裡面。因為，個別存在體是具有自由意志的個體。境遇、振動、個體和多樣性的活動，可以改變身體對那些事物的回應。而且由於情況在變，群體在變，與即將遭遇的那些情況有關連的普世思想在變，所有這一切都應該列入考量。

顯而易見，在土地方面，困境迫在眉睫，因為顧慮到尊重世界不同地區的關係。

況且，已經指出過，現在又再表明，不尋常的組合正在成形；而目前為止一直顯現友好或兄弟關係的那些個別群體或國家，很快就會變成敵人。

關於法國、義大利、德國、俄羅斯、西班牙、挪威、土耳其、聖地（Holy Land，指巴勒斯坦）和印度境內的情況，將會嘗試運用大量的宣傳，這是不證自明的。

許多個體被規劃加入已宣告具體或明確政策的團體，他們的目的和理想一定會遭人質疑。有些這樣的個體將受到牽引，進而與有問題的團體結盟。

因此，不要立即明確地參加任何個別團體的活動，除非是完全奠基於基督和基督準則的活動。

因為，由於那些將要成形的變遷，美國主義（Americanism）——重點在於「主義」——搭配跟共濟會一樣，以群體思維體現和彰顯人類兄弟情誼的普世思維，將會成為解決全球事務的最終規則。

並不是說這個世界會變成共濟會，而是共濟會欣然接受的那些準則將會是根基，奠定即將在一九四四和四五年確立的和平新秩序。

所以，一旦考慮到這些事物，不言而喻的是，個人應該要起而行，尤其是這個存在體，有能力而目前又有明確的工作要做。

這個存在體有能力與一個個團體合作，或是串連一個個團體——不是當宣傳大師，而是——如同經常指出的——不放大不同團體的差異，反而是「統一」許多團體的相同性，闡明它們同樣秉持著神所開示的準則。

因為，當個人像這個存在體一樣見識到且付出過許多，同時體驗到許許多多關於人子、和平之王、主中之主、王中之王降臨的意義時，時間就近了，現在一定比以往任何時候更能在個體彼此的關係中頌揚和榮耀祂。

有那麼多團體擁有這樣的背景，然而這些團體在實做過程中採用的假說和名稱，卻使得那套準則無法應用到個人身上。

所有這些應該被這個存在體列入考量；何況它身為發言人的能力、身為作家的能力，應該被導向那些情況和事務，可以日益團結在每一個人生階段、在每一個職位、在美國各個地區的求道者，達到神所設定的標準。不同於加入某個教會，不同於加入某個主義或教派，而是每一個靈魂在所在之處盡力而為，而且人人懷抱一個理想：「我是我弟兄的守護者——主基督是我的弟兄！」

至於世界地理、國家地理的情況——這方面的變遷正在逐步發生。

所以，難怪這個存在體感覺到那份需要，有必要改變中心位置。因為，東岸的許多部分將會有所變動，還有西岸的許多部分，以及美國中部地區。

未來幾年間，土地將會出現在大西洋和太平洋區。現在許多陸地的海岸線將會變成海岸，就連目前的許多戰場也將會是海洋，這將會是大海、海灣、新秩序將在其上執行彼此交易的土地。

現在紐約東岸的部分地區，或紐約市本身，大體上會消失。不過，那將是另一個世代發生在這裡的事；而卡羅萊納州南部、喬治亞州——這些將會消失。這事的發生會快許多。

湖泊的水域將會化成海灣，而不是最近這類討論提到的水道。如果水道準備就緒，很好，但不是基於目前列入考量的用途。

所以，這個存在體目前所在的地區（解讀在維吉尼亞海灘市進行）將會是安全區，現在的俄亥俄州、印第安納州和伊利諾州部分地區，以及加拿大南部和加拿大東部的許多地區，也將會是安全區；然而這個國家的西部地區會有很大的變動，當然，其他國家的許多土地也一樣。所以，帶著這些知識——首先是那些準則，然後是物質變遷。

關於地點，尤其是那份積極工作的地點，抉擇應該由存在體本身做出。一定有工作要靠這個存在體完成，很明確的工作。

要加入宣稱主已經到來且祂的日子即將再次到來的那些人。準備好回答提問。

問：這工作應該從初秋開始嗎？

答：今天開始吧！

問：有好幾個月，我一直覺得應該搬離紐約市。

答：可以的，之前說過了。有太多的不安；將會繼續成為振動的特徵，擾亂身體，最終形成那些毀滅力道——不過這些將會出現在下一個世代。

問：洛杉磯安全嗎？

答：洛杉磯、舊金山、大部分這些地區的城市，甚至在紐約市被摧毀之前就被摧毀了。

問：應該要考慮加州或維吉尼亞海灘市嗎？還是神已經為我提供了適合居住的地方？

答：之前說過，這些選擇應該是在自我之內做出的。鎖定維吉尼亞海灘市或這一區會安全許多。但這個存在體的工作應該囊括從東岸到西岸的大部分地區，發揮它的說服力——不是當傳道人，也不是帶來末日信息的人，而是帶著愛心警告所有團體、社團、婦女會、作家協會、藝術團體、各種形式的社團，在他們的活動中，需要有明確的工作，以期在人類的事務中了解神子活動的力量。

全球事務的新秩序

歷史的運行具有週期性。一九三〇年代末，當解讀3976-18號給出時，美國國內和國際間的變遷等級和現在一樣高。意想不到、快速、戲劇性的變遷，使我們納悶著世界何去何從。

仔細檢視這篇簡短但有力的陳述，那是凱西在第二次世界大戰爆發前一年多做出的。它的主題和信息在今天看來與當時一樣強而有力。他宣布，「物質條件的新秩序」正在升起。變遷時期的正向潛力取決於個人的態度和理想。開啟了一套明確具體的倫理守則和觀點：要成為彼此的愛的保衛者或守護人；「齊平」（leveling）是另一種說法，可以簡化成：「一」（oneness）。在非凡多樣的世界中，人類家庭必須找到方法與其潛在的「一」保持聯繫。

許多凱西的學生認為，關於世界政治和全球和諧的前景，3976-18號解讀是凱西最重要的前瞻性陳述。佩斯大學（Pace University）政治學教授琳達．奎斯特（Linda Quest）博士在一九九三年大西洋大學畢業典禮的演說中，很有說服力地詮釋了這點。她的部分講辭如下：

自一九八九年以來，全球事務已經歷了一次「極移」（pole shift，譯注：地極轉移，這裡意指全球事物和地極轉移，造成巨大的變動，也暗指天、地、人之間相互牽動影響）。你家的後院、居住的城市街道、你的家鄉，也都出現了極移現象。體現在全球和國家當前發生的事件時，可以清楚地看見如此顯著的變遷。

這個課題可以看作是某一弔詭兩端之間的張力。我們一定要既擁有自由又具有社區意識。我們要如何實現這點呢？我們正處在一個歷史性的時刻——在所有的人類經驗中，從不曾像現在這樣。自由的崛起帶來了困難。我們可以如此看待這個問題：一九九三年初，全球有一百八十六個主權國家，加上若干附屬領地，使得「地方」的總數達到兩百五十二個。這個數字可能看似很大，但是當你明白，全世界至少有五千個「國家」時，這個數字就不大了！「國家」（nation）這個詞，我指的是具有語言、文化、歷史、政府、領土或領土主張的實體。這五千個國家被設法壓縮成兩百五十二個地方。

我們可以注意到，這些國家實體，許多在性質上是部落型或祖傳式。就許多實例而言，都可以辨別出它們不是現代化的，但自由的崛起鼓勵它們擺脫束縛。許多目前致力於接替繼承，有些則忙著兼併運動。涉及其中的人們可以說他們的努力是在為自由奮鬥，但並不是為自由奮鬥的每一個人，也都在為邁向二十一世紀而奮鬥。有些人，不管他們知不知道，正在開闢一條滅絕之路。堅持分裂、分割、分離的那些人阻礙了自己，也在其他人的路途上製造絆腳石。這是清算之路，也是凱西所謂的「齊平」。這些人最後的結果八成是失去他們的語言、文化、歷史、政府和財產，只要任何一個這些元素被用來反對「人道一體」（one humanity）的原則或個人的價值。那些實體——那些「國家」——不可能經受得起。

奎斯特博士撰寫過兩本探討凱西對全球事務觀點的著作，她對凱西的政治和社會願景的詮釋見解深刻。她所分析的凱西「齊平」概念是發人深省的，尤其當我們注視著二十一世紀開頭幾年的全球事件時。在今天的國際動盪中，凱西的願景是珍貴無價的：所有生命根本的「一」，以及我們的造物主應許要引導我們穿越我們自己製造的迷霧和偏離。

解讀

這篇通靈解讀3976-18號，

由艾德格・凱西於一九三八年六月二十日給出。

引導人是葛楚・凱西。

葛楚：研究暨開悟學會的工作將會出現在你面前，該學會專門研究並介紹艾德格・凱西的通靈工作。透過這個管道引進的教材，希望可以呈現在六月二十七日星期一晚間的第七屆年度大會上，探討符合學會的工作理想與宗旨的國家和國際事務。你要考慮到出席聽眾的類型，需要的詳實資訊不會引人側目或譁眾取寵，然而卻有建設性，也要建議我們呈現的手法。你將針對這個主題首度發表演說。

凱西：是的，我們取得了研究暨開悟學會的工作，以及學會的政策、理想和宗旨；與國家和國際事務有關連的資料不會引人側目，但卻有建設性——而且符合理想。

誠如許多人已經理解到和目前理解到的，不但美國國內有變遷正在成形，與其他國家的相互關係也同樣在成形。所有這些都可以從某一個角度加以考量。

有些人該要理解、領會到，物質條件的新秩序即將升起；高層以及低階必定有許多的淨化清洗；一定要更加考量到，每一個人、每一個靈魂都是其弟兄的守護者。

所以那些情勢將會發生在政治、經濟和整體關係中，將會有一個「齊平」——或是更加領會到這份需求。

由於這些因新秩序而到來的變遷的時間或時期愈來愈近，所有有理想的人——作為個人，以及團體或社團或組織，都有必要在自身的經驗裡——以及彼此的關係中——實踐、應用這些東西。

因為除非這些人起而行，他們的關係和活動中才肯定會有新的秩序。

因為祂的道將會貫徹。因為祂說過：「天地要消失，但我的話卻永不消失。」

在佈道時和組織中，不只是在國家關係裡，而且是在國際關係中，這個信息往往已被遺忘。

因為這些往來是互相的，除非這些符合那些教義，否則必定失敗；因為天地間的所有力量都已經交付在祂的雙手中。

所以，當我們接近人際關係的所有層面時，這些必須列入考量。

而且不能用一把量尺量測田裡的勞工和櫃檯後的店員，然後用另一把量尺量測兌換貨幣的人。眾生平等——不僅適用於物質律法，也適用於靈性律法。

何況祂的律法、祂的旨意，一定不會化為烏有！

雖然可能會出現那些壓力重重的時期，例如弟兄起來反對弟兄，團體或黨派或種族起來反對種族——然那樣的「齊平」必定到來。

唯有在祂之內建立自己的理想，且在與人類同胞往來時實踐理想的人們，才可以期望逃過主的忿怒。

所以，在你的往來交流中——無論是在家、忙著打理地方事、國事或是應對國際事務——全都必須是基於那個宗旨、那份渴望。

然後，應該會有、一定會有能夠滿足這些需求的人士上臺掌權。因為沒有人能夠掌權，除非是天父的旨意賦予那人機會，天父是一切力量散發的源頭。

因此，人人平等，因為這個宗旨：「我絕不食言！」

在提出這些時——不妨以摘錄精華的方式給出，或是從原始資料選取目前看來適用的。

現在解讀完畢。

總結

凱西的社會願景

凱西認為這個世界基本上是一個有意義的地方。人生的社會和政治層面是靈性法則可以被好好應用的地方。凱西回應《聖經》的話語，時常提醒人們：「我們是我們的弟兄（和姊妹）的守護者。」我們確實對彼此負有社會責任。此外，他警告我們，除非社會醒悟且更深入地感應到一切生命的統一，否則眼前將是非常艱困的年代；無論是社會動亂還是地球上的災難性變遷，人類都不會繼續像過去那樣自私或不尊重自然。但他的警告是「預示」，不是「預言」。未來不是預先決定的，而像凱西這樣的人提醒我們未來的正向潛力。總而言之，我們將會形塑發生的事。

尾聲

一種全新的存在之道

艾德格．凱西留給我們的遺產，其實是一個「活生生的存在體」（living entity）。我們愈有能耐理解它，它就益發成長。凱西的某些解讀將永遠成為這筆精要遺產的一部分，純粹因為這些解讀解決了核心課題。雖然其他解讀今天對我們來說，可能看似模糊不清或令人困惑，但對未來世代而言，卻可能變得清晰明確。正在拓寬新領域的考古學、心理學和醫學，可以新方法使凱西得到讚賞，因此明天可能會有一整套凱西精要的全新說法。

凱西自己的夢想（一九三六年的夢，如第八章所述）是，他的預示、他的希望、他的教導最終將會嘉惠人類，可以好好存活到二十二世紀中葉。你可能會納悶，距今一百五十年後，哪些解讀將被認為是凱西精要，以及哪一類證據會被引用來支持這些解讀。

在未來的幾十年甚至幾個世紀，艾德格．凱西的先知工作可能會得到更全然的讚賞。事實上，對人類來說，他真正的遺產可能是一種全新的「存在」（being）之道。我們往往根據二十幾篇公然陳述未來可能樣貌的解讀，便認為凱西是預言家；終有一天，總計一萬四千三百零六篇的凱西解讀可能被認定是具有先見之明。總之，凱西解讀中關於人類狀況的洞見以及如何在這顆地球上生活的想法，可能是未來社會的藍圖。

探討身體和療癒的凱西健康解讀——包括「能量」醫學的相關信息，以及身體系統如何相互關連的全新觀點——有朝一日可能會成為主流醫學的骨架，不論屆時人們是否記得凱西。同樣地，他對世界宗教的寬容、無所不包的看法，可能已經預示了世人普遍接受每一個宗教的價值。

此外，凱西邀請大家看見研究與開悟可以如何密切地結合，這可能預言了未來幾年科學與宗教的融合。而他的超個人心理學，運用個人的靈性（夢、靜心、禱告、理想），以及擔負起個人的責任，可能已經開闢了達致心智健康和幸福的新方法。

在凱西的工作中，所謂的「精要」（essential），最終取決於他對個人生命的影響。超過百分之九十的凱西解讀是針對個人量身定製的，儘管凱西希望看到他的作品遍及「各個團體、階級和群眾」。因此，身為讀者的你可能會對凱西的想法著迷，但唯有在自己的人生中測試這些想法，你才能為自己找到真正的凱西精要。

附錄1

如何閱讀和研究凱西解讀？

事實上，曾經對凱西解讀下過工夫的人，每一個最初都覺得備受挑戰。不僅凱西產生解讀的方法並非正統，就連解讀所傳達的信息也是非正統的。它們非比尋常的形式和語言風格可能需要花些時間才能習慣。

當人們帶著問題連絡凱西時，就會約定一個明確的時間。他通常一天給出兩次解讀，一次在早上，另一次在下午。他會躺在沙發上，從自己之內導引出覺知的變異狀態，不過乍看很像在睡覺。同時在這個狀態下，他回應了被問到的任何建議或問題。這些談話的速記紀錄被稱為「解讀」(reading)。

每一篇解讀都是準則的集合，資訊涵蓋豐富，談論健康、人生目的或靈性建言，其中絕大部分是提供給要求建言的個人。每一個人都被分配到一個由兩部分組成的案件編號，以確保隱私；第一組數字代替人名，第二組數字緊接在連接號之後，意指這次解讀是當事人一系列解讀中的第幾次。例如，900-13號解讀是凱西為一名被稱為900號的男子所做的第十三篇解讀。

小幅比例的解讀是針對一群人（281系列是一個祈禱小組；262是最初的「探索上帝」研習小組），或是某個關注的主題（364系列談論亞特蘭提斯；3744談論特異功能現象）。

凱西在出神狀態給出解讀時，室內總是有其他人陪伴。一名引導者（經常是妻子葛楚）會在旁監督，給他提示，以導引出變異的狀態，並在他處於那個狀態時提問。這個提示是措辭嚴謹的指令，告訴凱西對方要請求的是哪一類資訊。一名速記員（通常是祕書葛蕾蒂絲．戴維斯）逐字記錄他的答案，而且許多時候，也有人在場觀看。

來自凱西的一般談話通常如下所示：

- 如果解讀是針對生病的某人，凱西會給出「生理解讀」，分析這個身體的各種系統——消化、循環、神經——然後推薦各種自然療法。
- 如果解讀是針對要求引導以了解自己人生目的的某人，凱西會給出「人生解讀」，分析這個靈魂的優勢和缺點。往往，他會先用占星術語談論特點和癖性，然後敘述可能影響今生的前世相關細節。
- 如果解讀是針對要求靈性建言的某人，凱西會給出「心智靈性解讀」，接著展開一堂關於靈性律法和生活準則的課程。

雖然在一段開場談話之後，通常會對出神的凱西提出問題，但有時候並沒有問題被提出，因此，整篇解讀便包括開場談話，以及後續的一些附加說明。解讀的抄本包括：談話、確切陳述的問題（如果有提出的話）、凱西的確切回應。

當節錄自解讀的片斷出現在書籍或雜誌中時，幾乎總是局限於正文本身。然而，更深入研究這些解讀，需要了解請求解讀者的背景，外加一份後續報告，說明因為這次解讀取得的信息，什麼事被完成了。對於接收過凱西建言的幾乎每一個人來說，那類補充資訊被製作成這篇解讀的附錄或報告。

有一個問題經常被問到：透過艾德格．凱西到來的信息，其源頭是什麼呢？當凱西自己被問到這個問題時，他回答說，他自己的高我——他的超意識——是那個源頭。換言之，他並沒有聲稱哪一個無肉身的靈體透過他說話，那是他自己的內在智慧。獲得的信息要麼來自於被解讀者的無意識心智，要麼來自於凱西所說的「阿卡莎紀錄」（Akashic Records），那是古老的印度梵文術語，意指一份所有歷史事件的精微能量紀錄，包括所有的意念和感覺。

凱西的超意識心智，常用在與我們今日的會話方式大相逕庭的風格表達信息。儘管語言和句子結構有時難以破解，但只要有一些引導，你就會更善於理解其含義。

- 減慢你的閱讀速度。許多解讀的句子超長，在心理上插入暫停或縮短句子的標點符號，可能有所幫助。不妨大聲朗讀幾段。
- 研究時要有耐心，解讀中的某些內容對你來說可能毫無意義——即便讀過許多次——寧可繼續讀下去，也不要停滯不前。進一步的說明可能會出現在稍後的解讀中，也可能在幾天乃至幾週之後豁然開朗。就連凱西最有經驗的學生，有時也會遇到問題。

• 逐漸理解解讀的語言風格，包括語氣和內容，往往都是《聖經》式的。在清醒狀態時，凱西是修習《聖經》的忠實學生，某些《聖經》資料會出現在他的解讀中是很自然的。最重要的是，如此傾向顯示，凱西對這些解讀心懷崇敬。他非常認真地看待每一次解讀，覺得每一次解讀都是賜予他的神聖託付。

應該要問的是：如果凱西在出神狀態時如此深具洞見，為什麼他不能找到一種比較容易理解的說話方式呢？凱西學者提出的一個解釋是：如此的溝通難度是因為他的心智正在另一個意識層次運作，在那裡，言語往往不足以表達。他是嘗試著用三維、邏輯的措辭溝通他能夠極其深入地感知和理解到的信息。

或許，我們也必須與這樣的信息合作，才能真正找到其中的價值和意義。如果一切明白易懂，我們可能只是表面上讀一讀，絕不會捲起袖子，深入了解到底在說些什麼。有時候，凱西甚至像個詩人，用言辭建構豐富、深邃的意涵，需要有意識的努力和耐性才能理解。但就像美妙的詩句需要額外多下一些工夫，那些結果是值得付出心力的。我們開始以新的方式理解自己，因為他的意象、隱喻、箴言、提到的《聖經》經文，在我們裡面找到了共鳴。

附錄2

凱西與占星學

凱西支持占星學的基礎假設，認為行星和恆星與人類的氣質和行為有關係。事實上，他鼓勵研究占星。

問：我適合研究占星嗎？

答：每一個人都可以研究占星學！

311-10

然而，凱西與許多占星師的不同之處在於因果關係方面。出生那一刻，火星位於地平線附近的上升點，這個事實並不會導致一個人的行為舉止像成年人。在凱西看來，情況恰好相反：由於前世在物質世界的經驗，以及靈魂在出生前經歷過的非肉體經驗（所謂「行星間的暫留之旅」），靈魂選擇在行星最能夠描繪自己天生模式的時刻出生——如凱西所言，當時行星們「見證到」那一刻。

大部分的心理學派根據氣質或性情將大眾分門別類。例如，榮格根據個人天生偏愛某個極端勝過另一個極端來判斷氣質：思考相對於感覺，體受相對於直覺，內向相對於外向。凱西的方式類似，覺得占星學可以幫助確定個人的氣質。

但凱西很少用預測的角度提到占星。行星和恆星並不形塑我們的未來。他說，占星學暗示在某個活動舞臺幸福和成功，一個人的事業選擇，甚至在某篇解讀中說道：「以就業輔導方向而言，百分之八十的個人可以從占星的層面指出他們的能力。」（5753-3）在人生解讀中，凱西通常確認二或三顆對個人影響最大的行星，即便如此，影響所及仍多半與一個人本身的癖性和記憶有關，而不是任何的外力。

對凱西來說，除了地球本身，有八顆行星定義了氣質的基本要素。他指定給這些行星的特徵，可以從他採用占星學的數百篇解讀中拼湊而成。

水　星：推理和分析的傾向；頭腦靈敏；喜歡了解事實。

金　星：偏愛合夥做事；讚賞人物和地方的美麗；脆弱易感。

火　星：喜歡競爭、挑戰、需要體力的活動；容易憤怒。

木　星：與大量努力有關；喜歡哲學和掌握「大局」；對權力和金錢感到自在；廣闊而自由。

土　星：保守、謹慎、不願意改變（反諷的是，時常導致人生的驟變）；遵守紀律且堅持不解。

天王星：心境或情緒從一個極端擺盪到另一個極端；高度緊張；講究科學且善於發明；高度直覺或有特異功能。

海王星：受到神祕的吸引；信奉神祕主義的、理想化的、超凡脫俗的、虔誠禮敬的；深受大海和其他自然力量所吸引。

冥王星：易燃的、爆炸的、激情的、自我導向的。

凱西如何確認二或三顆重點行星符合某一特定個人的氣質類型，至今仍是個謎，而且正是那個困惑使凱西的占星方法沒有被更廣泛地接受。占星學無法釐清，凱西是如何在出生圖上的所有行星中斷定哪一顆最具影響力。舉例來說，我們知道許多被解讀者的確切出生時間和地點，但凱西用來從出生星圖配置中挑選二或三顆行星的方法似乎並不一致。很有可能的情況是，占星學主要是凱西的一項語言工具，用來描述他以靈視力深入洞悉人格模式和氣質。

附錄3
凱西談性慾

「沒有一個靈魂的生命不受到性生活的巨大影響。」

911-2

我們每一個人都備受挑戰，要在自己性慾中找到意義。性慾的強大作用力，影響著我們的健康、幸福感、創造力乃至靈性。這是我們參與靈性生命力的直接方式。有時候，正是在充滿愛的親密關係中，我們發現到最重要的靈性發展機會。

如果要列出艾德格·凱西在他的解讀中所扮演的角色——心靈診斷師、全人照護醫師、夢境詮釋者——多數人並不會想到增加「性治療師」這一項。然而，那正是凱西為幾十個人所做的。而促使凱西成為非凡治療師的原因在於，他巧妙地將涉及「性」的課題融入更廣闊的人生視界。他從意識維度和七個靈性中心的角度看見性慾，也看見性慾對我們的價值觀和理想造成的衝擊。

一名四十一歲的女子向凱西尋求性生活的相關建言，在她的故事中，這些要點被戲劇性地陳述出來。女子的整個成年時期一直被這個問題困擾著，她求助於凱西，要求一次人生解讀和一次生理解讀，希望找到關於婚姻困境、性需求不滿足以及尋求連結人生靈性面的答案。

她的解讀是文獻記載最為完整的案例之一，凱西在此就靈魂成長的角度幫助一個人理解性慾。這些紀錄包括女子與凱西之間往返的許多冗長而坦誠的信件，而且她的請求鐵定相當保密，因為她擔心丈夫會發現她情不自禁地想要與某位長期仰慕者重燃戀情。

女子聯繫凱西時，已經開始出現混亂和緊張，而且憂傷痛苦的生理症狀開始浮現。一位內科醫師推薦雌激素治療，但女子擔心那只會強化她的性衝動。在她要求第一次解讀的那封信件當中，她描述了十八年婚姻的巨大壓力。她和丈夫「從未」有過親密的關係；丈夫總是不舉，這不是男方的錯。如她所言：「生理發展就是沒有這個必要。」

儘管如此，女子還是體認到自己的熱情天性和強烈的性衝動。在婚姻的最初幾年，她靠一連串外遇面對失望。其中一件尤其值得注意：許多年來，她一直受到一名男子的愛慕和追求，這人對她的癡迷可一路回溯到童年彼此相識之時，但她一直到與丈夫訂婚後，才得知對方的愛。

婚後幾年，他們再次邂逅。男子如今結婚了——顯然非常不幸福——而她則是對丈夫的不舉心痛挫敗。她與愛慕者開始了親密關係，然後又斷然分手，誠如她在給凱西的一封信中寫到的，因為她「不想『欺騙』他的妻子。」

但這個多年沒見到她的情人突然再次現身。據女子所言，儘管對方仍是已婚，但他們的重聚卻激情四射。「從我們再次見面的那一刻起，濃烈的火焰就回到了他身上，而我回應了。我正設法放開彼此，但卻發現自己的健康每況愈下。」就是這個時候，她諮詢了凱西，問道：

1. 我對丈夫和這個最近回到我生命中的男人的義務是什麼？

2. 與某個值得信賴的朋友私通會幫助我嗎？讓我可以正向而有節奏地繼續執行家庭生活和工作上的正常事務嗎？或許是個單身漢——就是說，除了這個前任情人以外的其他對象？

人生解讀2329-1號主要是分析這名女子的性慾，以及當時為了促進靈魂成長所呈現給她的機會。這篇解讀絕不是批判，絕不是將她的生理和情感衝動與其他任何人作比較。根據凱西的說法，我們只能根據自己的靈性價值和理想被量測。

這篇解讀精確定出了女子靈魂的一個關鍵癖性，要容許情感和性慾修復她。她很容易與人發生性關係，這在很大程度上與前世經驗有關。她該如何打破這個模式呢？藉由檢視她如何設定人生的理想和價值。在這麼做的過程中，她必須面對某個強烈的傾向，要讓生理的滿足和涉及的情感形塑她的人生——凱西稱之為「那股金星引起的宇宙衝動」，且將這點連結到前世的靈魂記憶。在美國西部拓荒時期，她曾經是某種郵購新娘；在那一世，她沒有機會讓內心的欲望引領她找到婚姻伴侶，而是把自己賣給了一個不太適合的男人。然而，她卻學到了隨遇而安，並因此經驗到重大的靈魂成長。

在另一世，她是虐人的中世紀習俗的受害者，那是她必須面對的最強大記憶之一。她當時的丈夫離家去打十字軍東征聖戰，把她鎖在貞操帶裡。她憂傷痛苦，氣到想報復。「這間歇性地帶來種種的心神不寧；決定在某個時間、某個地方，要自由，要『報復』。」而這個十字軍戰士是誰呢？不是別人，就是她的現任丈夫，如今不舉，如今可能很容易因為她的外遇而受傷。

女子前世對現況造成的影響生動地說明了一點：性慾是人生中能夠承載構成人類靈魂所有關鍵要素的東西。但性慾不只是我們容易惹禍上身的地方，也是我們可以立即突飛猛進的所在。這名女子必須面對嫁給不舉男子的挫敗感；而且不得不與自己的衝動角力，依照情感和性慾的需求行動。這些需求是挑戰，挑戰她開始做出重要的抉擇。

女子抵抗了要對丈夫「報復」的任何誘惑。她考慮周到，設法確保自己不以有害的方式炫耀她的婚外情。另一方面，她不確定自己能否過著無性的生活。但她知道，她不想要因解決自己的需求而傷害丈夫。她甚至探索了另類方法：在求助於凱西之前，她花了一段時間密集嘗試透過每日靜心，將內在的亢達里尼能量提升到另一個層次，然而結果只有一部分令人滿意。

所以，女子應該與她的已婚情人重燃戀情嗎？凱西的建言相當直接：「要保有自我，不被世界玷污。」他可以那麼直接，因為女子本人曾說，她強烈反對與已婚男子有染。凱西加了一則有點隱晦的建言：「至於行為應該如何，要讓行為絕不是為了單純情感上的滿足，而是要讓行為的本質是有創意的。」或許，女子可以找到主要是投注在自身創造的某種方法與這名男子往來——例如，一起欣賞交響音樂會或一同上繪畫課。但毋庸置疑，一定很難。

在回應女子有關找個單身漢以滿足自身欲望的問題時，凱西留給她更大的選擇空間。「像這樣的問題只能用你的理想是什麼來回答……絕不要譴責為取得助力而那麼做的人，但如果是基於個人的、自私的快感，那就是罪。」本質上，凱西鼓勵女子要設法確保，愛的動機（「助力」）是指深具影響力的。

故事繼續展開。女子要求了另外兩次解讀，且與凱西通信聯繫了好多年，顯然聽從了凱西關於避免與前任情人進一步糾纏的建言。她的確仍與丈夫住在一起，但是否與哪一個單身漢關係曖昧，則不得而知。

我們可以從像這樣的故事學到什麼呢？鮮少有人像她一樣親身面對了這樣的情境。但如果凱西的哲學是健全的，那麼談到性慾時，我們每一個人都確實面臨某種靈魂參與的挑戰。這是一個很普遍的情況：「沒有一個靈魂的生命不受到性生活的巨大影響。」

然而，必須要被記住的是，性慾留給我們大量的自由選擇權。解讀911-2號接著說，這個性慾的影響力並非總是意謂著「生理行為的滿足」。每當我們有創意時，我們就占用著那些與性慾密切相關的力道。

凱西鼓勵人們要永遠記住，有創造力的陰陽對立背後存在著一股力道。性慾強化靈魂的成長，只要我們最深層的動機是找到所有生命的「一」。假使讓另一個人成為唯一渴望的對象，那我們就錯失了重點。

雖然性慾是我們最有可能遭遇自私、支配、恐懼，或是純粹的自我懷疑的地方，但也是在這裡，我們最強烈地感覺到創造原力。凱西把性慾看成是我們最有機會大幅成長的競技場。在這裡，我們可以揭開所有能量根本的同一性。在這裡，我們可以創造嶄新的人生。

性慾是靈性能量迫切展現在我們的物質身體裡。性慾的表達威力強大，因為它是創造力、亢達里尼的運動，貫穿靈性中心。所有七個中心都參與了，正如之前討論過的，這些效應在生殖腺強烈覺醒時尤其可以被感受到，那與個人的保障和身體的存活相關連，正是這些擔保了物種的存活；而且是在間質細胞裡，位於生殖腺和腎上腺，被連結至陰陽平衡。

伴隨性狂喜的意識變異狀態，類似於亢達里尼向上移動通過其他靈性中心時體會到的經驗。如果記住狂喜（ecstasy）意謂著「被帶到自己之外」，那我們就會體認到性狂喜的經驗何以其實是靈性經驗。那就是為什麼凱西說，「性」涉及鍛鍊物質身體可以經驗到的最高階情感；他把「性」稱為「在物質世界中被經驗到的最高振動」（911-5）。

凱西的性慾建言具有一種普世的特質。我們自然會渴求並需要在生理上經驗到可能的最高階情感。性慾注定在某方面深遠地影響著我們的人生。而且由於創造力的陰陽對立是如此強烈，所以性慾極度挑戰著我們的頭腦和自由意志。

不管我們能否憶起自己的任何前世，凱西的推斷都是，性經驗被記錄在我們的靈魂之中，影響著我們當前的看法和行為，也影響著我們今生已然選擇的價值觀和理想。來自這些解讀中的信息只是要表達：我們的性慾是我們是誰的基礎，它不可避免地涉及我們靈性生活的挑戰與成長潛力。

附錄4

推薦資源

傳記

A．羅勃．史密斯（A. Robert Smith）編纂，《先知艾德格．凱西的生平：遺失的回憶錄》（*Edgar Cayce, My Life as a Seer: The Lost Memoirs*）。艾德格．凱西的文章很少談到自己，不過他的日記和日誌已被編纂成這本自傳。

查爾斯．湯瑪斯．凱西（Charles Thomas Cayce）、珍妮特．湯瑪斯（Jeanette Thomas）合編，《從信件見識到艾德格．凱西的工作》（*The Work of Edgar Cayce as Seen Through His Letters*）。凱西信件選粹，由凱西的孫子以及凱西解讀的法定看管機構「艾德格．凱西基金會」（Edgar Cayce Foundation）的管理人聯合編纂。這些信件讓人感受到凱西的個人生活時常陷入何等的困境，尤其是在經濟大蕭條那些年間。這些信件也證明，凱西不時繼續諮商和幫助人們，甚至是在對方已經接收過他的解讀之後。

悉尼・科克派翠克（Sidney Kirkpatrick）的《美國先知艾德格・凱西》（*Edgar Cayce: An American Prophet*）。這本研究澈底、記錄詳實的著作也是凱西的最新傳記，目前堪稱是最具權威的凱西傳記。

湯瑪斯・蘇格儒（Thomas Sugrue）的《有一條河》（*There Is a River*）。艾德格・凱西在世時出版的作品，由知名的報社撰稿人兼凱西家族的朋友執筆。數十年來，它都是最為可靠的凱西傳記，但或許，這本書受害於沒有適當處理凱西故事的某些陰暗面，尤其是試圖圍繞凱西工作發展的組織所面臨的困境。本書值得注意的是冗長的附錄，相當於一章節長度的綜合說明，詳述了在凱西教導中發現的哲理。

哈蒙・布洛（Harmon Bro）的《過時的先知》（*A Seer Out of Season*）。這本值得注意的傳記是由一位學者、神職人員兼心理治療師撰寫的，作者本人不但認識凱西，而且非常擅長描寫情境脈絡，讓凱西的工作可以見諸現代生活中。

傑斯・史坦恩（Jess Stearn）的《沉睡中的先知》（*Edgar Cayce: The Sleeping Prophet*）。一本暢銷書，概述了艾德格・凱西的生平故事，以及凱西解讀中的重要主題，史坦恩的這本著作有助於激起人們對凱西工作的廣泛關注。雖然某些方面過時了，但仍舊是凱西傳記中值得一讀的經典。

相關書籍

哈洛德・萊利（Harold Reilly）與露絲・海姬・布拉德（Ruth Hagy Brod）的《艾德格・凱西免藥治療健康手冊》（*The Edgar Cayce Handbook for Health Through Drugless Therapy*）。關於凱西的保健理念，這是目前最綜合詳盡且便於使用的著作。在系統化艾德格・凱西的健康維護建議方面，大家公認萊利醫師扮演了關鍵性的角色。

K・保羅・詹森（K. Paul Johnson）的《從背景看艾德格・凱西》（*Edgar Cayce in Context*，Albany）。以學術角度分析艾德格・凱西的教導，根據凱西在工作中扮演的四個角色鋪陳：整體健康顧問、基督教通神論者、具靈視力的時間旅行者、密傳心理學家。本書是近年來關於凱西的最重要著作之一。

布魯斯・麥克阿瑟（Bruce McArthur）的《你的人生何以如此，你又能做些什麼？》（*Your Life: Why It Is the Way It Is and What You Can Do About It*）。艾德格・凱西強調，某些宇宙律法如何支配人生，而這本書涵蓋了這些律法如何運作的根本法則。

馬克・瑟斯頓（Mark Thurston）與克里斯多弗・費澤爾（Christopher Fazel）的《艾德格・凱西創造你的未來手冊》（*The Edgar Cayce Handbook for Creating Your Future*）。一本有效的入門書，描述二十四個在艾德格・凱西的哲理和靈魂心理學中最重要的理念。

其他資源

研究暨開悟學會（The Association for Research and Enlightenment, ARE）是艾德格・凱西於一九三一年創辦的會員制研究組織，該組織透過ARE出版社持續提供教育課程、著作、雜誌，以及凱西導向的健康服務。如需更多ARE相關資訊，請造訪：www.edgarcayce.org.

大西洋大學（Atlantic University），艾德格・凱西共同創辦的學校，提供一系列包羅萬象的班別，大部分課程可以透過遠距修習。可造訪該校的線上課程，網址：www.atlanticuniv.edu。

誌謝

衷心感謝曾經協助使本書中的想法具體成形的諸位人士。除了休・林・凱西（Hugh Lynn Cayce）之外，我要感謝葛蕾蒂絲・戴維斯・特納（Gladys Davis Turner）、艾德格・伊凡斯・凱西（Edgar Evans Cayce）、梅・聖克雷爾（Mae St. Clair）、瑪麗・伊莉莎白・林區（Mary Elizabeth Lynch）、哈蒙・布羅（Harmon Bro）、赫伯特・柏伊爾（Herbert Puryear）、李察・德拉蒙德（Richard Drummond）、李察・奧托（Richard Otto）、琳妲・克斯特（Linda Quest）、斯卡特・史派羅（Scott Sparrow）、亨利・李德（Henry Reed）、克里斯多弗・費澤爾（Christopher Fazel）、查爾斯・湯瑪斯・凱西（Charles Thomas Cayce）、保羅・詹森（Paul Johnson）、凱文・陶德許（Kevin Todeschi）、史都華・狄恩（Stuart Dean）。

還要感謝企鵝出版集團（Penguin Group）旗下Tarcher/Penguin的執行編輯米契・哈洛維茲（Mitch Horowitz），感謝他的支持、熱忱、創見、專業，協助這個企劃案開花結果；也要感謝Tarcher/Penguin發行人喬爾・佛蒂諾斯（Joel Fotinos）支持這個企劃案，同時感謝東尼・戴維斯（Tony Davis）的傑出編輯。

BC1066R

大通靈家

艾德格・凱西靈訊精要

The Essential Edgar Cayce

編　　著　馬克・瑟斯頓博士（Mark Thurston, PhD）
譯　　者　非語
責任編輯　田哲榮
協力編輯　朗慧
封面設計　斐類設計
內頁排版　李秀菊
校　　對　吳小微

發 行 人　蘇拾平
總 編 輯　于芝峰
副總編輯　田哲榮
業務發行　王綬晨、邱紹溢、劉文雅
行銷企劃　陳詩婷
出　　版　橡實文化ACORN Publishing
地址：231030新北市新店區北新路三段207-3號5樓
電話：（02）8913-1005　傳真：（02）8913-1056
網址：www.acornbooks.com.tw
E-mail：acorn@andbooks.com.tw
發　　行　大雁出版基地
地址：231030新北市新店區北新路三段207-3號5樓
電話：（02）8913-1005　傳真：（02）8913-1056
讀者服務信箱：andbooks@andbooks.com.tw
劃撥帳號：19983379戶名：大雁文化事業股份有限公司

印　　刷　中原造像股份有限公司
二版一刷　2024年7月
定　　價　480元
I S B N　978-626-7441-08-4

國家圖書館出版品預行編目（CIP）資料

大通靈家：艾德格・凱西靈訊精要／馬克・瑟斯頓（Mark Thurston）著；非語譯. -- 二版. -- 新北市：橡實文化出版：大雁出版基地發行, 2024.07
面；　公分
譯自：The essential Edgar Cayce.
ISBN 978-626-7441-08-4（平裝）
1.CST: 心靈學　2.CST: 通靈術　3.CST: 神秘主義
175.9　　113000609